F.-M. DE CASTELLANE

MÉMOIRES
&
LETTRES

PARIS
DUJARRIC ET Cⁱᵉ, ÉDITEURS
50, RUE DES SAINTS-PÈRES
—
1906

MÉMOIRES & LETTRES

DU MÊME AUTEUR

Morale et Critique, *suivis de* Mes Idées.

La Commissoin des Trente et Chant Patriotique, interdits en France en 1873 (*réimpression textuelle*) et autres Œuvres en vers.

Réflexions sur la constitution Européenne et la réforme sociale.

Pour Paraître

Etudes et Lettres Philosophiques.

F.-M. DE CASTELLANE

MÉMOIRES
&
LETTRES

PARIS
DUJARRIC ET Cie, ÉDITEURS
5o, RUE DES SAINTS-PÈRES

1906

PRÉFACE

Nous avons pensé que nous ne pouvions pas laisser paraître ce livre sans lui donner quelques lignes de préface, en raison de l'intérêt tout particulier qu'il emprunte à la personnalité de son auteur.

Mme F. M. de Castellane, nièce du Maréchal de France de ce nom, qui est resté aussi célèbre par son originalité que par sa bravoure, a eu une vie tourmentée dont ses idées et ses écrits gardent le reflet.

On ne s'étonnera pas de la rudesse de « sa manière » ni de la hardiesse de ses idées, quand on saura qu'elle est surtout l'élève du Maréchal, qui la recueillit en bas âge (sa mère, Mme de Rohan-Chabot étant morte en lui donnant le jour) et lui tint lieu tout à la fois de mère, de père, de frère, de tuteur et de camarade. Extrêmement bon et faible sous son écorce un peu rugueuse, brave officier mais gouvernante déplorable, il laissait sa nièce chérie faire tout ce qu'elle voulait : aussi celle-ci devint-elle une femme de grandes qualités, certes, mais d'une indépendance de manières et d'esprit peu banale, de plus, frondeuse et libre penseuse, comme on en jugera du reste par ses écrits.

Il ne faut pas s'attendre à trouver dans les pages qui suivent le moindre souci de la composition, la moindre recherche littéraire : Mme de Castellane n'est pas une professionnelle de la littérature ; elle écrit ce qu'elle a vu, ce qu'elle pense, avec une franchise plutôt rude, et dans l'unique but de moraliser ceux qui la lisent, de faire toujours triompher la justice et la vérité.

Ces Mémoires et Lettres sont un recueil sans ordre d'anecdotes, de réflexions, de discussions politiques et philosophiques : les « arranger », les coordonner, c'eût été détruire l'originalité qui n'est pas leur moindre mérite ; aussi avons-nous laissé ces pages telles qu'elles nous ont été confiées.

Mme de Castellane a publié d'autres ouvrages : outre un recueil de vers que nous avons réimprimé l'année dernière (1), elle fit paraître à Genève, en 1873, un livre intitulé Morale et Critique, qui provoqua de nombreux articles de journaux. Parmi ceux-ci, un surtout, paru dans la Patrie (de

---

(1) La Commission des Trente et Chant patriotique (1905).

Genève) (2), *nous a semblé résumer parfaitement ce qu'il y aurait à dire de l'écrivain et de son œuvre. Aussi en donnerons-nous ici la reproduction pour compléter nos propres notes. Ce qui a été dit à propos de* Morale et Critique *peut s'appliquer à* Mémoires et Lettres, *et l'on aura ainsi comme une vue d'ensemble sur les divers ouvrages de Mme de Castellane.*

« A part les chefs-d'œuvre des grands poètes,
« dans lesquels l'élévation et la nouveauté des
« idées vont de pair avec un talent bien soutenu
« dans l'art de bien dire, les ouvrages en vers ne
« sont généralement considérés que sous un seul
« rapport : le fond ou la forme, surtout la forme,
« car c'est d'après le genre de celle-ci que se fait
« la classification des poésies.

« Mais au-dessus de cette classification, ce qu'il
« faut considérer, c'est la mission que l'écrivain
« s'efforce de remplir.

« Les lecteurs du livre de Mme F. de Castel-
« lane : Morale et Critique *retrouvent dans ses*
« *poésies* : Suite a mes idées (comme ils retrouve-
« ront dans Mémoires et Lettres) *la même origi-*
« *nalité, le même franc-parler qui se font remar-*
« *quer dans son premier ouvrage. Elle n'imite*
« *personne, ne fait aucun emprunt à autrui.*

---

(2) 4 septembre 1873.

« *Elle dit nettement ce qu'elle pense, et son
« langage est parfois rude, car il est celui d'une
« individualité extraordinaire. Deux circonstances
« exceptionnelles y ont concouru. Elle est d'une
« nature forte, énergique, résolue, d'un caractère
« indépendant, vif et décidé ; et, orpheline dès
« son enfance, elle passa assidûment sa jeunesse
« auprès d'un Maréchal de France, son oncle, dont
« le caractère de rude soldat bien connu, ne pou-
« vait que la maintenir dans sa franchise naturelle.*

« *Il ne faut s'attendre à trouver dans ses écrits
« ni le style académique, ni le langage étudié,
« sinueux et conventionnel de tant d'écrivains en
« renom. Il ne s'y rencontre rien de ce qui rap-
« pelle les auteurs féminins qui se sont fait
« hommes de lettres. Elle n'a pas de rapport avec
« ce qu'on appelle communément les Bas-Bleus,
« elle ne fréquente point les Blue-stockings, ni les
« gens mondains, et quoiqu'elle ait vu la Cour,
« elle n'en a point adopté le langage. Elle dédaigne
« les périphrases et les détours, car avec elle il
« faut que les masques tombent.*

« *Mme de Castellane a l'habitude d'écrire ses
« impressions immédiates, sans préparation, par
« impromptu et parfois ab irato : Facit indignatio
« versum. Son franc-parler si rare lui a attribué
« quelques désagréments dont son livre fait con-
« naître les circonstances. Elle a des paroles de
« colère et d'amour ; elle écrit d'inspiration, avec*

« rapidité ; mais sa verve est cause qu'elle ne se
« donne pas toujours la peine de revenir sur ce
« qu'elle a écrit ; pourtant certaines retouches y
« seraient parfois nécessaires. Mais c'est un défaut
« auquel il est plus facile de remédier que le
« manque d'inspiration.

« Nous renvoyons les lecteurs aux divers livres
« de Mme de Castellane ; ils y trouveront des
« accents divers, des pièces où l'amitié, le patrio-
« tisme, le chagrin, l'esprit satirique, se montrent
« tour à tour, auprès de réflexions critiques et
« morales sur l'éducation des femmes, sur les pré-
« jugés religieux, et autres questions qui inté-
« ressent le progrès social. »

Les Éditeurs.

AU RÉVÉREND PÈRE F... C...
Missionnaire apostolique

Bien que vous m'ayiez dit qu'il ne fallait pas publier votre nom dans mes Mémoires, j'ai considéré comme un devoir de vous adresser ici quelques lignes de remerciement et de gratitude. Sans vous, en effet, je n'aurais pu les faire paraître, car depuis la mort de M. M..., qui fut pour moi un ami dévoué jusqu'à la mort, j'ai été reniée et délaissée par tous... même par l'Assistance publique, à qui j'ai pourtant donné au temps de ma fortune plus de trente mille francs.

Vous avez donc été le seul à me réconforter, à me dire : « Ne mourez pas, attendez que la mort vienne d'elle-même, je vous aiderai ! » Et ainsi avez-vous fait, sans que j'aie à votre dévouement aucun titre, mais sachant que ma vie n'a été qu'une longue lutte, que moi aussi j'ai été dévouée aux faibles, et que ma conduite a toujours été à l'abri du soupçon. Quoique connaissant mon athéisme, vous n'avez pas hésité, vous prêtre, à me tendre la main. Je ne connais pas l'Orient, pour moi, ces contrées lointaines, c'est l'infini. Ce domaine est trop vaste pour le commun des martyrs. Je veux croire que parmi les missionnaires qui y vont affronter la mort, il s'en trouve qui comme vous, font le bien sans dire : « Mon Dieu est le seul vrai ; brisez vos idoles ! », et qui, comme vous, sont toujours prêts au plus large dévouement — je ne dis pas chrétien, mais humain.

Acceptez donc ces quelques lignes, que je vous offre du fond du cœur.

2 juillet 1906
F.-M. DE CASTELLANE

MÉMOIRES ET LETTRES.

Je n'ai jamais su où je suis née ; mais ce doit être dans un vieux château entre Mirabeau et Manosque, dans les Basses-Alpes.

J'avais trois ou quatre ans, quand une vieille dame vint au château où j'étais chez un vieux gentilhomme qui se nommait le comte de Ravel.

J'étais couchée dans un grand lit à quatre grandes colonnes, surmonté d'une couronne énorme au milieu du dais.

La couronne était si grande que chaque fois que mes regards se portaient au ciel j'en avais peur.

La vieille dame m'embrassa, me dit de l'appeler « grand'maman » et me fit lever.

J'avais déjà le cœur gros et presque fermé, car personne ne m'avait souri jusqu'à ce jour.

Je ne comprenais ni ne sentais ses caresses.

Hélas, je n'en ai jamais connu.

C'était le vendredi saint; la bonne maman voulut me conduire à l'église du village pour me faire baiser le « Bon Dieu ».

Décrire l'église du village me sera facile, car j'ouvris les yeux si grands que la bonne dame eut peur.

Je crois que c'était plutôt une chapelle, elle se trouvait sur le bord d'une grande route et n'avait qu'une seule nef.

Au-dessus de la porte il y avait une tribune, au fond un seul autel et des stalles en bois bien luisant tout autour.

On avait couché le « Bon Dieu » par terre sur un petit morceau de drap.

Des femmes, des enfants arrivaient, se mettaient à genoux, déposaient leur gros sou dans un plat d'étain, (je ne crois pas qu'il fût en argent, car il ne brillait guère.)

Ensuite ils embrassaient les mains et les pieds au « Bon Dieu », faisaient force signes de croix et des génuflexions et s'en allaient.

Moi, j'étais clouée à côté de ma grand'mère qui me tenait par la main et voulait me faire mettre à genoux pour imiter les autres.

Mais je lui serrais la main fortement et, la regardant, je disais : « Mère, c'est là le « Bon Dieu ? »

J'en avais peur et je le lui disais assez fort, car le prêtre arrivait furieux, nous montrant la porte. « Tu dois te tromper, mère, si le « Bon Dieu » a tout fait il n'a pas besoin d'argent ».

Et nous partîmes; la bonne dame arriva toute en pleurs à la maison.

Le vieux gentilhomme vint à notre rencontre tout troublé. Mais quand il eut entendu la narration de la grand'mère, il me prit dans ses bras, m'embrassa et dit : « Pauvre petite! » Hélas, combien de fois m'a-t-on appelée « pauvre petite ».

« Pourquoi, m'a-t-il demandé, n'as-tu pas voulu embrasser le « Bon Dieu » ?

Je le regardai carrément et je répondis : « Je l'ai trouvé trop laid. »

Quand on parle de Dieu aux enfants on ne devrait jamais leur montrer un homme en croix, c'est effrayant pour eux.

La divinité doit être divine; on devrait toujours dire aux enfants, en parlant de Dieu qu'il est au ciel ou dans les nuages, mais jamais le montrer couché par terre et surtout, ne pas lui faire donner de l'argent.

Presque tous les parents disent aux enfants en bas âge que Dieu a tout fait, que tout est à lui, qu'il est le maître de nos destinées.

« Mais, puisqu'il est si riche, le « Bon Dieu », pourquoi voulais-tu que je lui donne cinquante centimes », car la bonne maman m'avait glissé dans mes petites menottes une petite pièce blanche; je vis qu'elle ne voulait pas la reprendre et je m'en allais.

Je me rappelle que le vieux disait en me regardant : « Quelle petite tête ! »

Je sais fort bien que tous les enfants ne réfléchissent pas à trois ou quatre ans — même plus tard — mais celui ou celle, qui comme moi, n'a jamais été bercée dans les bras de sa maman, qui n'a jamais eu de baisers de sa mère sur ses petites mains; celui qui n'a jamais vu que des fronts sévères autour de son berceau, songe et réfléchit à trois ans en voyant d'autres petits enfants jouant et riant.

Je n'ai jamais joué ni ri.

Je reviens au vieil ami de ma grand'mère. Je l'avais laissé à quatre ans et je ne l'ai revu qu'une seule fois, un an après.

La bonne dame me faisait promener dans les bois du château, mais elle était si triste, si triste, que j'osais à peine lui parler.

Des heures passaient dans les promenades sans qu'elle me dît un seul mot.

Elle serrait ma petite main et c'était tout. Nous devions partir et elle voulut aller à la messe avant de nous mettre en route. Nous voilà donc cheminant vers la chapelle. Il y avait beaucoup de monde ce jour-là et tous regardaient la bonne dame, qu'on appelait la marquise; mais c'était surtout moi qu'on fixait, qui restais debout à côté d'elle.

Je n'ai jamais oublié ces vilains regards qu'on me lançait comme des mauvais sorts.

Personne ne se mit à côté de nous.

Pas un regard sympathique.

La pauvre vieille dame en pleura jusqu'au château.

Le vieux gentilhomme lui dit à notre retour :
« Eh bien, il faut l'emmener à Marseille, chez son père. »

Mon père habitait hors de Marseille, un beau domaine, les Aygalades, seul avec les domestiques.

Le domaine était vaste et borné par une petite rivière.

Etant enfant j'ai toujours aimé le bruit de l'eau courant à travers la campagne.

Il y avait des animaux sauvages en cage dans la ménagerie, et ma grande et seule distraction était d'aller parler aux grandes bêtes.

Il y avait un lion qui paraissait me comprendre.

Il s'asseyait sur ses pattes de derrière comme font les chiens et écoutait ce que je lui disais; ce n'était pas bien long, mais je le répétais tous les jours et je crois qu'il avait fini par comprendre.

L'ours écoutait également; il y avait même un aigle.

Mais j'ai toujours eu peur des bêtes qui ont des becs ou des cornes.

Je disais donc au lion, mon favori :

« Ecoute-moi bien ! Quand je pourrai je prendrai les clefs du jardinier, j'ouvrirai ta cage et celle de l'ours et nous irons nous promener là-haut, là-haut, à cette colline derrière le château. »

Il y avait là-bas une toute petite colline et c'était par là que je voulais aller me promener.

Un beau jour donc, le jardinier avait laissé son tablier pendu à la porte d'une petite hutte, tout près des animaux.

Prendre les clefs, ouvrir les cages, fut vite fait et me voilà partie avec le lion et l'ours, leur parlant comme à des amis, leur donnant à manger; car j'avais eu soin de garnir ma poche de biscuits, mais je crois qu'ils n'avaient pas faim.

Nous avions marché un petit bout de chemin ; le lion dressait les oreilles ; quand j'entends crier derrière moi :

« Elle est perdue, elle est perdue, mon Dieu! »

Le jardinier pressentit mieux le danger peut-être, car je l'entendis dire : « Ne criez pas, monsieur le comte, laissez-moi faire. »

Il appelait : « Mademoiselle, mademoiselle, retournez, je vous en supplie, mais ne dites rien aux bêtes. »

Je tournai la tête et réellement j'eus peur.

Je n'avais jamais vu cette fixité dans les yeux du lion et de l'ours.

Je rebroussai chemin et je dis au lion : « Viens, nous retournons. » Le lion obéit, mais l'ours restait en arrière et cependant il nous suivait et, tout doucement, je les ai fait rentrer dans les cages.

Ce qu'on s'est hâté de refermer les cages je ne puis vous le dire, et les pleurs et les gronderies n'ont pas manqué.

Je les méritais bien, n'est-ce pas.

Mais le pauvre jardinier était le plus malheureux. « Oh ! Oh ! mademoiselle, ce que vous avez fait il ne faudrait plus le faire ! »

Je n'en demandais pas si long et je me sauvai.

On ne m'avait jamais frappée pourtant et mon père comprenait et sentait que la solitude dans laquelle je vivais était pour beaucoup dans ma manière d'agir.

On me trouvait souvent couchée, au clair de lune, sous les arbres du parc des Aygalades ; je croyais, dans mes songeries, voir ma mère dans les nuages chassés par le vent, découvrant de temps en temps un coin du ciel constellé d'étoiles.

Le bruissement des feuilles des arbres séculaires m'engageait à la rêverie et m'a toujours fait songer à ma mère.

Je l'entrevoyais à travers des feuillages et je sentais le souffle de ses caresses passer sur mon front.

Ah ! que j'ai pleuré dans la nuit éclairée par les étoiles !

Et quand on me cherchait, m'appelant, ne comprenant pas ces escapades d'enfant, je ne savais que me taire.

Mais, en moi-même, je disais : « Ah, s'ils savaient que je cherche maman, ils ne comprendraient pas ! »

On m'avait dit qu'elle était morte — je n'en savais pas plus long.

Un jour, la nuit était prête à tomber, le frère de mon père vint le voir.

C'était un colonel, déjà presque vieux. Je ne l'avais jamais vu, mais de suite nous fûmes amis.

Son regard était si doux quand il fixait les yeux sur moi, et surtout quand il me disait : « Pauvre petite ! » en m'embrassant.

Quelques jours après mon père me dit : « Veux-tu partir avec ton oncle ? »

Je répondis oui sans hésiter.

Le colonel m'embrassa de nouveau et nous partîmes pour une ville de garnison sur la frontière d'Espagne.

Ce n'était pas le château avec ses bois, ses sources et ses prairies.

Mais il y avait des soldats à la porte de la grande maison et les bonnes figures de militaires me regardaient si drôlement que je me mis à les aimer.

J'allais souvent manger la soupe au poste, ce qui me valait encore des remontrances.

Mais mon oncle était encore plus doux que mon père, et quand il voulait me gronder sa voix tremblait et il devenait triste. Vite, il m'embrassait et me regardait si mélancoliquement que, dans ma petite tête, je me disais : « Je ne fais donc pas bien mal » et voilà pourquoi je recommençais d'aller voir mes amis au poste.

Mais on ne resta pas longtemps dans cette ville — un an — peut-être deux.

Je n'ai jamais su compter, la notion des chiffres m'a toujours échappé.

Il y avait en moi tant de sentiments divers, qu'on pouvait bien me pardonner ce défaut.

A partir de dix ans j'ai toujours travaillé, soit en écrivant, soit en cousant ou brodant.

Mais surtout je cousais.

Je faisais mes tabliers, mes jupons, j'ourlais les mouchoirs et les serviettes et je les marquais.

A l'âge de douze ans je n'étais pas encore à l'école, mais je savais bien lire; j'écrivais mal peut-être, mais je parlais bien, disait mon oncle.

Une gouvernante, nommée Thérèse, m'avait élevée et appris tout ce qu'une femme doit savoir; je n'ai jamais eu besoin de couturière, ni de lingère.

On me faisait découdre ce que j'avais cousu la veille, pour couper dessus et recommencer.

Seule, je me suis presque élevée, sous la direction de la bonne Thérèse, qui me disait qu'une femme doit connaître le ménage avant de savoir chanter !

Ah, si toutes les mères en disaient autant, il y aurait des femmes, comment les nommerais-je ? « pédantes » ! à coup sûr ; il y en aurait moins courant les rues avec des serviettes sous le bras.

Mais passons, la morale viendra après le récit !

C'est à Lyon que nous vînmes ensuite, mais là je ne sortais guère.

Un jour, une grande dame arrive comme une bombe; elle était accompagnée d'autres enfants et me trouve de trop dans la maison.

Elle ne l'a pas dit, mais elle me l'a fait comprendre et il ne m'a pas fallu longtemps pour sentir que son cœur m'était fermé.

Il fallait à tout prix me placer quelque part; mais la veille de mon départ devait être marquée d'un fait analogue à celui de la petite église des Basses-Alpes.

Dans l'après-midi, une comtesse de ***, je ne sais plus son nom, arrive avec des fillettes de mon âge, portant une poupée aussi grande que le « Bon Dieu » que j'avais vu couché par terre, et auquel je n'avais pas voulu donner mes dix sous, ni baiser les mains.

La plus grande des fillettes voulut me faire jouer et me donna la poupée, en me disant : « Elle est à toi, viens. »

Mais je n'avais jamais vu de poupée et je n'avais jamais joué.

J'en eus peur, elle parlait presque, mais elle était froide ; je la mis de côté et je poussai 'a fillette si fort qu'elle tomba, se fit peut-être mal et se mit à crier comme un diable.

Je ne riais jamais, mais je ne pleurais pas non plus.

Mon oncle n'aimait pas le bruit, il arrive avec la maman qui, toute effarée, me regarde courroucée, prend dans ses bras sa fille, qui n'avait rien du tout, mais qui me désigna comme si j'avais voulu la tuer.

Je me blottis dans un coin du salon; mes larmes m'étouffaient; je n'ai pas pleuré pourtant.

J'étais déjà fière et forte — disait mon oncle. Mais les paroles de la maman, les caresses, m'entraient dans le cœur comme un fer rouge et l'égoïste mère ne voyait que sa fille; elle daigna m'embrasser pourtant en partant, mais ce baiser était si froid, si dur, que je me reculais, me sauvant dans le cabinet de mon oncle.

Je pris la poupée et la jetai au feu de la cheminée !

Quelques instants après, mon oncle parut et me dit : « Et la poupée ? »

Je ne répondis pas, mais d'un geste, je montrai la cheminée — et il n'eut pas le courage de me gronder — mais il me vit si émue qu'il se retira.

Je restai seule jusqu'au soir à réfléchir que j'aurais bien voulu, moi aussi, avoir une maman !

Le soir, quand nous fûmes seuls, je le pris par la main et je lui dis : « Coucou — je l'appelais ainsi quand j'étais enfant — j'ai à te parler ? »

Il aurait pu sourire de mon sérieux, mais il ne le

fit pas, il vit bien qu'il se passait dans ma jeune tête quelque chose d'extraordinaire.

« Mademoiselle, je vous écoute ».

J'étais bien jeune pourtant, et ce mot de demoiselle me choquait.

J'aurais tant voulu qu'on me dise : « Ma fille, mon enfant », comme la maman que j'avais entendue caressant sa fillette devant moi.

Ah ! que les mères sont égoïstes quand elles ont leurs enfants !

Qu'est-ce que cela leur fait que l'orpheline regarde, le cœur serré, des sanglots dans la poitrine qui l'étouffent !

Ah, que mon oncle sentait bien tout ce que j'avais enduré en m'entendant dire : « J'ai à te parler. »

« Eh bien, voyons, on dirait que tu trembles ? »

« Eh oui, je tremble, parce que ce que j'ai à te dire te fera de la peine, mais il le faut. Je veux savoir pourquoi je n'ai pas de maman ? »

Il me regarda, des larmes dans la voix lui aussi.

« Pourquoi, pauvre enfant ! tu pourrais même dire — pas de papa — car le tien ne s'occupe guère de toi. »

« Réponds-moi d'abord, dis-je, pourquoi n'ai-je pas de maman ? »

« Elle est morte, il y a longtemps, en te donnant le jour. »

« Et pourquoi est-elle morte ? »

« C'est le Bon Dieu qui l'a fait mourir. »

Et je répliquai doucement : « Le Bon Dieu ? qui a fait mourir maman ? et pourquoi ? »

Il ne sut pas me répondre le pauvre homme, il pleurait et je me tus.

« Dis-moi encore un mot, est-ce que c'est le Bon Dieu qui est dans ma chambre, et devant lequel Thérèse fait sa prière et voudrait que je fasse la mienne ? »

« Mais certainement puisqu'il n'y en a qu'un. »

« Bien, bien, bonsoir, mon oncle, embrasse-moi, mon oncle, car je veux croire que tu es mon oncle, toi ? »

« Oui, oui, je suis ton oncle et je t'aime plus que si tu étais ma fille, mais ne me questionne plus, je t'en supplie ».

Hélas, j'avais des questions qui me montaient aux lèvres, mais sa douleur me fit mal et je me retirai.

Mais, arrivée dans ma chambre, je ne me couchai pas, j'avais encore quelque chose à faire.

Le « Bon Dieu » qui faisait mourir les mamans me trottait dans la tête et quand la vieille Thérèse est venue faire sa prière, je l'ai laissée seule et n'ai pas voulu me coucher.

Le feu brûlait dans le cabinet de mon oncle et je voulais brûler le « Bon Dieu » qui faisait mourir les mamans ; je grimpai donc sur un fauteuil, sur lequel je mis un tabouret, et je le décrochai.

Le porter dans le feu, ce fut vite fait.

Je me couchai alors, plus tranquille.

La semonce que je reçus le lendemain matin ne fut pas bien terrible.

Mon oncle disait qu'il avait prévu cela.

Mais la pauvre Thérèse se lamentait et croyait bien que la maison s'écroulerait.

Il n'en fut rien cependant, et la morale de ceci est que les parents, quand ils parlent aux enfants, et surtout aux enfants intelligents, devraient peser leurs paroles et ne jamais dire que c'est le Bon Dieu qui fait mourir les hommes, parce que l'enfant intelligent se demandera toujours, quand il verra des méchants autour de lui, pourquoi le Bon Dieu ne les fait pas mourir.

De là à dire que le Bon Dieu est plus méchant que les hommes, il n'y a qu'un pas. Voilà l'écueil.

Il ne faudrait jamais parler de Dieu, ou bien le faire dans des termes qui ne frappent pas l'imagination et non attribuer des faits matériels immédiats à l'influence divine en parlant aux enfants.

L'idée de Dieu est trop abstraite pour être comprise par le cerveau d'un enfant; et puisque les hommes n'ont jamais pu la définir et ne la définiront probablement jamais, pourquoi embrouiller l'esprit des enfants ?

Peut-être aurais-je été croyante si l'image qu'on me montrait de Dieu eût été — comment dirai-je — plus sublime, plus poétique.

Tout enfant un peu sentimental, éprouvera toujours un petit frisson quand on lui montrera un homme nu, cloué en croix, mal bâti presque toujours, avec le ciel noir, etc.

Non, ce n'est pas là l'idée de Dieu; que les hommes cherchent une autre image à montrer aux enfants, s'ils veulent conserver l'idée de Dieu. Je dirai même que c'est un devoir, car les hommes auront toujours besoin d'un Dieu.

Je ne verrai probablement pas le nouveau, mais, franchement, j'aurais bien voulu le voir.

Il était dit que la semaine où j'avais fait deux exécutions ne se passerait pas sans accident.

Il pleuvait le lendemain, ou plutôt il faisait un de ces brouillards froids, humides et sombres comme la misère dans les vieux quartiers de Lyon. Pour me comprendre, il faut avoir visité comme moi les tristes mansardes en hiver, quand les malheureux sont sans feu et accroupis sur leurs paillasses, avec de méchantes couvertures.

. . . .

Mon oncle était sorti et on ne s'occupait guère de moi, on me traitait à huit ans comme si j'en avais eu seize.

Je regardais dans la cour, mon singe à côté de moi, car j'avais pour tout compagnon d'enfance un singe, un petit « capucin » qui était presque aussi intelligent qu'une personne.

Il mangeait à côté de moi à table, il comprenait tout ce qui se disait.

Il n'y avait dehors que le planton, je le verrai toujours. Le fourrier sortait du corps de garde avec une lettre à la main.

Elle était pour le planton. Mais ce pauvre diable ne savait pas lire et il demanda au sergent de lui en faire la lecture.

Je regardais cette scène, quand je vis le pauvre planton s'essuyer les yeux avec le revers de la manche de sa capote.

Ses larmes m'entrèrent dans le cœur.

Descendre dans la cour et aller au planton fut l'affaire d'une minute, et le dialogue suivant s'engagea :

— Monsieur le planton !

— Mademoiselle !

— Je veux savoir ce qui te fait pleurer ? C'est la lettre, n'est-ce pas !

Il ne me répondit que :

— Mademoiselle, mademoiselle !

— Donne-moi ta lettre.

— Je n'ose pas, mademoiselle.

— Donne-moi ta lettre, te dis-je ; je veux savoir pourquoi tu pleures.

Enfin il me la tend et je m'enfuis comme une folle.

Ce que j'ai eu de mal à déchiffrer cette lettre !

Heureusement qu'elle était écrite en gros caractères.

C'était la vieille mère qui, presque mourante, faisait écrire par le maître d'école : « Mon fils, je ne te verrai plus et j'aurais tant voulu t'embrasser avant de mourir, mais je n'ai pu t'envoyer de l'argent pour le voyage; je n'ai plus que cinq francs dans une boîte, qui doivent servir pour me faire enterrer, car ce sont les bonnes âmes du village qui me soignent et je n'ose rien leur dire. »

— Ah, le pauvre ! m'écriai-je.

J'avais trente francs à moi, je descendis aussi vite que je le pouvais, et j'allai droit au corps de garde.

— Monsieur le sergent, envoyez cet argent vite à la mère du planton; je vais demander à mon oncle de le faire partir tout de suite pour aller la voir.

Tous les hommes se levèrent en s'écriant :

— Ah, la brave enfant que vous êtes, mademoiselle, ah, s'il fallait nous faire casser le cou, ah, que nous serions heureux de le faire pour vous, mademoiselle.

Ce jour-là je vis de vraies larmes de reconnaissance, mais comme elles font du bien, ces larmes-là !

Comme on est heureux, quand on n'a que dix ans et qu'on a pu faire du bien à autrui.

Je remontai à l'appartement et je me cachai

pourtant dans ma chambre, craignant d'être grondée d'avoir donné tout l'argent que j'avais.

Je n'avais pas besoin de rien dire, au contraire, mon oncle en rentrant avait tout appris.

Il me serra dans ses bras et me dit les mêmes paroles que les soldats :

« Ah, la brave enfant que tu fais, mais tu sais, ma pauvre petite, tous les jours il y a des mères de soldats qui meurent loin de leurs fils et il ne serait pas possible de les faire partir tous.

Mais je vais expédier celui-là selon ton désir, tout de suite, et je vais lui donner autant que toi. »

Quelques jours se passèrent, le brouillard continuait et la tristesse aussi.

Je voyais bien qu'on manigançait quelque chose me concernant.

La dame était revenue et j'étais de trop dans la maison.

Il fallait, disait la dame, qu'on me mette au couvent et qu'on change mes idées.

« Oh, la coquine, mâchait mon oncle, mais je ne veux pas qu'on la change, moi, faites ce que vous voulez de vos filles, mais celle-là est à moi ».

Je ne retracerai pas les scènes de ce genre, elles me feraient trop souffrir, car mon oncle était trop malheureux et c'est le récit de ma vie que je veux faire, et non de la sienne, que peut-être plus tard je relaterai.

Il fallait donc partir.

Quant à moi, je partais assez calme, car je voyais bien que je n'étais pas chez moi.

Mais enfin j'avais été heureuse, j'aimais mon oncle comme ma mère, ma sœur, mon ami.

Mais je n'aimais que lui, je n'obéissais qu'à lui et n'écoutais que lui.

« Pourvu que tu viennes me voir, mène-moi où tu voudras, j'irai plutôt deux fois qu'une, ne crains rien ».

Je partis donc pour Villeurbanne, au couvent du Sacré-Cœur.

« En route, » dit mon oncle, comme s'il avait commandé à une division.

Il ne voulut pas que la dame vienne avec lui et nous partîmes seuls. Et peu après nous arrivâmes. Décrire la maison, les jardins, à quoi bon. Tous les couvents, comme toutes les supérieures, assistantes, économes, se ressemblent.

J'ai passé par trente-deux couvents ou pensions et s'il me fallait narrer, par le menu, les allées et venues de tous, ce ne serait plus une histoire que je conterais, mais des faits trop connus et trop longs pour le cadre de ce récit.

Il y a cependant du bon dans les couvents. Mais je n'ai rencontré de la sympathie que dans un seul et c'est le dernier où je suis restée.

Ce sera donc plus tard que j'en parlerai.

On nous attendait probablement, car les portes étaient ouvertes.

Les recommandations ne manquèrent pas de la part de mon oncle; les seules que je retins, c'est qu'on devait me laisser libre, que je ne mangerais pas au réfectoire, que je ne coucherais pas au dortoir.

« Seulement, recommandait encore mon oncle, quand on lui servira ses repas, on devra rester près d'elle, sans cela elle oublierait souvent de manger. »

Cette recommandation n'était guère comprise et cependant c'était vrai, j'ai souvent oublié de manger.

Je n'ai jamais été gourmande ni paresseuse.

Quelle perle ! dira-t-on.

Cela est pourtant, et je puis dire même que je n'ai jamais menti.

Les religieuses, si elles ne m'ont pas aimée, m'ont toujours estimée et n'ont eu à me réprimander que pour des peccadilles.

Je suivis cependant les classes, les cours avec assiduité, mais l'exactitude n'a jamais été mon faible.

Je n'ai jamais pu écouter un sermon, même ceux des évêques quand ils venaient au couvent.

Les conférences seules me faisaient prendre patience.

Au catéchisme, je me levais sans qu'on m'appelât; je répondais pour toutes les élèves qui faisaient trop attendre la réponse, et les rappels à l'ordre ne me manquaient pas.

Le curé, fatigué de m'admonester, me dit un jour au milieu du catéchisme : « On dit que vous n'entendez pas, qui donc vous apprend vos réponses ? »

« Moi », répondis-je.

« Eh bien, pour vous apprendre à vous taire, vous copierez le verbe : « Je parle continuellement pendant le catéchisme. »

« Bien, bien », et ce fut tout.

Ce qui ne m'empêcha guère de continuer mes répliques, à la grande joie de mes compagnes qui ne savaient jamais un traître mot de ce qu'on leur avait cependant rabâché toute la semaine.

Il faut néanmoins avouer qu'il y a des natures rebelles, qui ne retiennent rien et qui se donnent un mal infini.

Je savais le Nouveau Testament par cœur et les Evangiles, et je n'étais ni croyante, ni pieuse.

J'avais la foi du sentiment et de la dignité, mais j'étais sourde aux déclamations sur la passion du Christ.

Quand on lisait la Vie des saints et des martyrs je faisais remarquer que Dieu ne devait pas avoir besoin qu'on meure pour lui.

Oui, il y avait, tous les jours et partout, des mères qui voyaient mourir leurs fils, des mères qui voyaient fusiller leurs fils soldats, et de ces mères on ne disait rien.

Alors, on me faisait taire, et quand mon oncle venait, pas un mot de moi ne lui était épargné.

On ne disait pas : « Mettez-la ailleurs. » Mais avec quelle joie on me voyait partir et quelle peine il avait, ce pauvre oncle, à me caser !

Et toutes les scènes et les malédictions qu'on lançait chez lui : Que j'étais damnée, que j'étais maudite; que je ne respectais rien; et les signes de croix que je ne voulais pas faire et l'eau bénite que je ne voulais pas prendre ; bref, que j'étais un vrai monstre.

A toutes ces horreurs mon oncle me répondait par un regard si éloquent que je laissais dire, que je n'entendais même pas.

Mais revenons à l'histoire du catéchisme.

Ce brave curé s'était figuré que j'allais réellement copier dix fois son verbe.

Ah, le pauvre homme !

Quel regard il me jeta quand il eût découvert ma supercherie.

C'était la semaine suivante que je devais lui remettre le manuscrit et j'eus bien soin de ne le lui donner qu'au moment où il était en chaire.

Il ne regarda que les deux premières pages, heureusement l'écriture était nette, il n'y vit pas plus loin.

Le cahier était assez volumineux, donc j'avais fait la tâche.

Je lui avais donné du papier blanc.

Furieux, il arriva le lendemain au couvent. Pour mon bonheur, j'étais sortie ce jour-là et en rentrant le soir, mon oncle calma l'orage.

Il me grondait bien quelquefois devant les religieuses, mais je savais que c'était pour la forme.

Je ne répondais du reste jamais.

C'est peut-être mon silence qui les choquait le plus, mais à quoi bon leur répondre.

Qu'aurais-je dit ?

Que j'étais incapable de copier dix fois la même chose ? D'autres le faisaient pourtant.

Je travaillai cependant, car la distribution des prix approchait et je ne voulais pas être la dernière pour les travaux manuels.

On nous avait donné un dessin : un arbre chargé de fruits, un cerisier, qu'il fallait broder dans le milieu d'un canevas, une couronne au-dessus de l'arbre, tenue par deux oiseaux, et une guirlande tout autour.

Deux mois seulement encore jusqu'aux vacances et il fallait apprendre un rôle de mendiant, soi-disant pour m'humilier. Comme si quelque chose pouvait humilier dans un rôle !

Je l'appris si bien, qu'après deux jours je n'avais plus besoin de m'en occuper.

Et mon tableau fut fini le premier, au grand

dépit de celles qui travaillaient depuis six mois.

Le grand jour arriva.

Les tapissiers avaient cloué les dernières tentures; on nous fit répéter nos rôles.

Le mien n'était pas bien sérieux.

Je devais demander l'aumône et débiter un discours afin qu'on donne l'hospitalité à ma mère et à mon frère, famille égarée vers le soir.

Je regardai d'abord la scène et je vis qu'elle n'était pas trop vaste. J'avais mon plan. Je regardai ensuite les places des autorités et je vis que je pourrais faire ce que j'avais en tête.

J'étais radieuse et on va voir que j'avais raison.

Je ne fis guère attention aux volumes destinés aux prix à distribuer et masqués dans un coin de la salle par un rideau.

Et quand la répétition fut finie, j'aurais voulu être au lendemain.

Je ne dormis pas cette nuit-là et je crois que beaucoup d'élèves en firent autant.

Car, de ma chambre qu'on laissait ouverte, j'entendais souvent la sœur de garde dans les dortoirs dire : « Taisez-vous, mesdemoiselles. »

Enfin le jour se leva; on est matinal dans les couvents, et la matinée se passa en préparatifs de tout genre.

Comme j'étais presque la dernière, je ne me pressai pas; et ma toilette était, suivant le rôle, si simple, que je n'avais pas à m'en occuper.

J'arrivai donc juste au moment où je devais être présentée à la duchesse de *** en son château, et introduite par une servante au salon, pour demander l'hospitalité pour moi et les miens.

Quand j'eus fini mon discours, que j'avais amplifié, malgré les œillades que me faisait la sœur pour me dire de me taire, toute la salle m'applaudit.

Ah, quelle rage de la fameuse duchesse et de sa suite ! Mais j'avais autre chose en tête.

J'avais un peu du singe avec lequel j'avais été élevée et, d'un bond, je franchis l'estrade pour tomber dans la salle, devant M. le Maire.

Je tendis mon tablier, et d'un air de dame patronesse, je dis : « Pour les pauvres, s'il vous plaît. »

J'entends encore les bravos des assistants applaudissant de tout cœur.

Et il y avait du monde, des femmes, des hommes, beaucoup d'officiers, des enfants d'autres communautés probablement.

Que d'argent je ramassai ! Je fis le tour de la salle et tout le monde me donna, les petits et les grands.

Mon tablier était plein et vraiment il était lourd quand j'eus fini.

Je fis une révérence d'actrice, dit un vieux militaire tout près de l'estrade; et me prenant dans ses bras, il me déposa sur la scène comme s'il avait eu une plume entre les mains.

Tout le monde se leva : « Le prix d'honneur ! cria-t-on. »

Le prix d'honneur ! je verrai toute ma vie les yeux méchants des sœurs et des élèves.

Je ne tenais guère au prix d'honneur, j'avais bien assez de mon honneur à moi.

Je montai dans ma chambre pour me débarrasser de l'obole qu'on m'avait confiée et j'eus soin de fermer ma porte à clef.

J'avais quêté pour les pauvres, l'argent que j'avais ramassé irait aux pauvres.

Je ne voulus pas redescendre, les émotions m'avaient brisée.

Mon oncle vint me voir le lendemain.

— Ah, mauvaise tête, tu ne m'as donc pas vu hier. Tu m'as fait pleurer et toute la salle était si émue que tout le monde est parti sans prendre congé des sœurs.

Le prix d'honneur est resté seul sur la table, personne n'en a voulu.

— Ce n'est pas tout, disais-je, je veux donner cet argent aux pauvres moi-même. Porte une petite note à un journal quelconque. Nous sommes aujourd'hui vendredi, lundi je distribuerai tout moi-même. Change-moi les pièces d'or, donne-moi le tout en pièces de deux et de cinq francs, il faut faire le plus d'heureux possible.

— J'ajouterai même cent francs, répondit mon oncle.

— Mais que dira la supérieure ? Ah, si tu avais vu la figure qu'elle a faite hier soir ! Elle est venue avec l'économe toute souriante, mais quand elle m'a entendu dire que je distribuerais le lundi suivant, quel changement de physionomie !

— Vous n'avez pas ce droit, m'a-t-elle dit, c'est à nous de le faire.

— Eh bien, je prends le droit, répondis-je, et mon oncle m'approuve.

— Vous êtes une mauvaise élève et votre oncle vous élève mal, etc., etc.

Ma distribution se fit pourtant et sans encombre.

Ah ! que j'étais fière et heureuse !

J'avais distribué plus de trois cents francs dans une heure.

Tous les baisers qu'on déposait sur mes mains et toutes les bénédictions dont on me gratifiait seraient trop longs à énumérer.

— Que le bon Dieu vous le rende, mademoiselle, s'écriait-on.

Ah, voilà, il ne m'a rien rendu du tout, il m'a complètement oubliée, paraît-il, car j'ai donné, dans bien d'autres circonstances, bien d'autres sommes plus grosses pourtant, mais la récompense est encore à venir.

Malheureusement, je ne crois pas au ciel; sans

cela je dirais en m'endormant : « Là-haut tout me sera rendu. »

C'est égal, c'est bien malheureux qu'il n'y ait pas de ciel; on a tant de mal à vivre quand la fortune vous a quitté, qu'il faut féliciter les croyants de leur espoir.

Celui qui croit a du moins une consolation; mais le philosophe sceptique ou athée, et je suis du nombre, se dit tout bas : « A quoi bon l'intelligence et la gloire, la bonté et la vie honnête pour mourir comme tout autre être créé par la nature! »

Qui pourrait dire si au fond du cœur les grands esprits qui proclament la Divinité ne le font pas par haine et par vanité.

« Quoi, moi, disait Victor-Hugo, et tous les grands hommes, moi qui pense, qui crée des chefs-d'œuvre, qui embrasse l'humanité d'un seul regard, moi dont les idées sont plus vastes que le monde, je mourrais et il ne resterait de moi pas plus que d'un simple mortel?

Non, cela ne peut pas être !»

Et l'homme dans sa vanité, je ne dis pas son orgueil, dans sa fatuité, ne veut pas s'avouer que puisqu'il est né de rien, il ne sera plus rien.

Et voilà pourquoi, de tout temps, les hommes ont eu besoin d'un Dieu ou d'un rien incompris et pourquoi pas un seul de ces grands ne conçoit l'idée d'un Dieu qui ne punirait pas, qui ne se vengerait pas; et ne pouvant pas lui attribuer une puissance directe quelconque, le philosophe ne le cherche pas, l'athée le nie, le médiocre le proclame, les fanatiques l'adorent. Et les rusés et les coquins l'exploitent.

Vraiment il devrait bien en venir un. Mais dans le siècle où nous sommes il faudrait qu'il arrivât entouré d'archanges et d'anges. Il faudrait aussi qu'il fasse annoncer son arrivée par des illuminés qui indiqueraient le lieu de la descente, à la place de la Concorde ou en quelque autre endroit.

Je reviens à mon couvent que je vais être obligée de quitter.

Les regards de fouine des sœurs ne me disent pas grand'chose de bon, et les yeux remplis de haine des élèves fixés sur moi me donnent froid dans le dos.

Elles me traitent de niaise, de sotte.

M'entendre faire un discours qui ne figurait pas dans leur programme et m'entendre applaudir par tout le monde, c'était trop à la fois vraiment.

Et le vieux troupier qui m'a remise triomphalement sur l'estrade se trouve précisément au couvent ; il est le père de la supérieure, qui a reçu une admonestation épouvantable, a dit une des élèves.

Mais ce brave homme est revenu pourtant me voir avec mon oncle et il m'a dit en partant :

— Ah, mademoiselle, je n'oublierai jamais avec quelle voix vous avez répondu à la duchesse de la pièce, qui demandait à la pauvre femme des détails à n'en plus finir :

« Madame, quand on donne l'hospitalité à des malheureux on ne doit pas leur demander d'où ils viennent et s'ils font leur prière. »

Vrai, j'aurais voulu que vous fussiez ma fille, et voilà pourquoi ma famille va me bouder peut-être six mois, qui sait, peut-être toujours ?

Encore un défaut qui fait souffrir l'humanité; comprend-on quand on a du cœur, qu'on puisse bouder plus de dix minutes ? Et je trouve que c'est déjà énorme. Vivre ensemble et se parler avec aigreur, s'en vouloir pour des futilités ! Jamais je n'ai boudé et je ne bouderai jamais.

J'ai souvent battu mes compagnes, parce que, même étant enfant, je n'ai jamais pu tolérer le mensonge et la gourmandise, et si une élève avait menti ou avait dérobé quelque friandise à ses compagnes je tapais dessus.

Et voilà pourquoi aussi je n'ai jamais eu d'amie.

Me voilà partie pour un autre couvent, qui sera semblable à celui que je quitte et regrettant de ne pas savoir comme les autres élèves, manger avec plaisir, dormir tranquillement et ne penser qu'à la coquetterie et à la gourmandise. Mais nul ne peut se soustraire à sa destinée. Je ne veux pas approfondir pourquoi les uns ont de l'esprit et les autres sont bêtes, ce serait vraiment trop long à discuter ; il faut laisser aux savants le soin de s'occuper des questions ardues et je n'ai pas le droit de me classer dans la catégorie des femmes savantes.

Quand j'en rencontre avec des serviettes sous le bras, la jaquette forme tailleur, le col droit et le chapeau de côté, j'éprouve toujours un petit frisson.

C'est l'intérieur de leur armoire que je voudrais voir et le bas de leurs jupes. C'est leur ménage qu'il faudrait connaître, comment il est organisé. Ah, si les femmes savaient comme elles sont laides avec ces airs crânes !

Si elles comprenaient que bien des gens sérieux, car il y en a encore heureusement, haussent les épaules et leur donnent un petit sourire de pitié.

Mais bah ! est-ce qu'elles voient cela ?

Hélas non ! Elles doivent croire qu'on les admire, à les voir marcher si carrément.

— Ah, que Dieu nous préserve des femmes dévotes, disait mon oncle.

Aujourd'hui on devrait dire : Que Dieu nous préserve des femmes savantes.

Quant à moi j'en ai une peur atroce.

Je n'ai guère aimé les hommes, mais j'ai toujours eu peur des femmes.

Mais passons à un autre ordre d'idées et plaignons les maris qui seront bientôt obligés de faire le ménage.

Moi, je crois que la dépopulation viendra de là.

Les hommes voyant prendre par les femmes les chemins de la Sorbonne et des Facultés auront peur, et voilà pourquoi moins de mariages et par conséquent moins de naissances.

Ils se disent, avec raison, qu'ils seront bientôt obligés de débarbouiller les marmots, de faire la soupe, et ils s'abstiennent de se créer un intérieur, une famille.

Moi je trouve que pour que les femmes deviennent meilleures, il faudrait leur donner des coups et fermer les magasins de nouveautés.

Le moyen n'est peut-être pas praticable.

Mais les liens de famille sont souvent brisés, pour ne pas dire toujours, par le luxe que les femmes veulent acquérir et l'indépendance malsaine qu'elles réclament en courant les rues, la serviette sous le bras.

Comment donner les soins nécessaires aux enfants et au ménage ?

La femme d'intérieur ne vit que de dévouement, mais ce dévouement reste ignoré; c'est ce qu'elles ne veulent pas. Les pauvres petits qui ont la chemise déchirée ne les séduisent guère.

Aujourd'hui, les femmes des petits commerçants et fournisseurs portent des chapeaux à plumes.

Les petites bourgeoises ont leur « jour » et donnent le thé, comme les vraies dames pédantes.

Ah ! je sais bien qu'il y a encore de bonnes mamans, qui tricotent des bas pour les petits, qui les aiment et les soignent, qui accueillent le mari avec un bon sourire, parce qu'il trouve toute la maisonnée en ordre et la table mise.

Et certes je souhaite qu'il s'en trouve beaucoup et que le nombre augmente de plus en plus.

Je dirai cependant, avec conviction, que c'est dans le couvent que l'ordre s'apprend le mieux.

Le couvent est un peu comme une caserne, il y a de la discipline.

Celles qui veulent apprendre ont tout à leur portée : la lingerie, la cuisine, le potager.

Mais fi donc, entrer dans la cuisine c'est trop commun, parler au jardinier c'est trop vulgaire. Tout le monde fait caste à part. Même au couvent les riches dédaignent les pauvres; celles qui les dirigent ne savent pas combler ces vides et quelquefois même entretiennent ces divisions.

La mère de l'enfant riche fera des cadeaux au couvent.

Les parents qui ne pourront pas en faire verront toujours leurs enfants un peu en interdit.

Combien de bourgeois feraient mieux de placer leurs enfants dans les écoles publiques que de les placer dans les grands pensionnats !

Les jeunes filles commencent au couvent à singer la dame et voilà pourquoi, arrivées dans le monde, ne trouvant pas leur idéal, elles deviennent pédantes et ensuite mauvaises.

Mais je m'oublie.

Je me dirige donc vers le — je ne sais plus combien — des couvents.

C'est sur la route de Tarare qu'on me conduit.

Mon oncle trouve que c'est réellement trop loin.

Mais le pauvre homme a tant de mal à me caser qu'il en est tout triste. Bientôt, il ne saura plus où me placer. Je ne suis cependant pas méchante, puisqu'il m'aime toujours et quand il me dit : « Pauvre petite », il me le dit avec tant de douceur.

— Est-ce que tu veux que je sois autrement, dis-moi ce qu'il faut faire ?

— Reste ce que tu es, ma chérie, on ne gagne jamais à se contrefaire.

— Alors, pourquoi es-tu si triste ?

— C'est que je voudrais te garder près de moi et je ne le puis ! Ah, pauvre petite, comme tu manques dans la maison et comme je suis malheureux !

— Toi, malheureux, toi, malheureux, et pour moi, peut-être ?

— Hélas, oui, pour toi qui n'as que moi, à qui on voudrait te ravir.

Mais tu ne seras jamais religieuse, toi, et toutes leurs manigances ne pourront te changer.

— Ah pour sûr que non, répondis-je.

Et nous voilà arrivés; les mêmes sourires, les mêmes figures et les mêmes procédés.

Je me trouvais déjà vieille à côté des autres

enfants; j'avais deux ans de plus qu'elles et déjà six ans de présence dans les pensionnats.

Si j'avais eu l'esprit en repos, j'aurais appris bien des choses.

— J'avais une bonne tête, disait le professeur.

Mais mon oncle ne me laissait pas le temps.

Il venait trop souvent me chercher. Quand il le pouvait, tous les jours il venait me prendre pour des promenades.

Et quand les religieuses disaient que je ne pourrais pas terminer mes études en me promenant, qu'il me rendait un mauvais service, que je ne saurais rien, etc., il répondait bas :

— Ma bonne sœur, elle en saura toujours assez, les femmes n'ont besoin que de savoir coudre et aimer.

Et nous partions de nouveau.

En ai-je vu des fermes, en ai-je franchi des clôtures à cheval avec lui !

Et quand les paysans arrivaient tout effarés, le bon sourire qu'avait mon oncle et surtout les pièces de vingt francs qu'il leur donnait pour un frugal déjeuner, les calmaient immédiatement.

Mon oncle se contentait de tout.

Un jour, dans une ferme, il n'y avait que des œufs et de la luzerne.

Voilà qu'il dit de nous faire une omelette à la luzerne !

Ah qu'elle était bonne, cette omelette, et comme nous en mangions !

Les chevaux avaient une bonne ration d'avoine, les domestiques une bouteille et les paysans de la belle monnaie.

Aussi nous étions connus et les fermières qui nous voyaient arriver avaient tôt fait d'allumer le feu et de saigner un poulet.

Point n'était besoin de leur rien demander et le couvent était à cent lieues de nous, aussi bien que la caserne.

Ah, le bon temps, s'il pouvait revenir; mais rien de ce qui est passé ne revient.

Sans quoi, serais-je seule à écrire, loin de ma famille, avec les mains gelées, car je n'ai pas de feu depuis trois jours, la gêne nous presse de tous les côtés, les souvenirs du temps passé me tiennent lieu de feu.

Je reviendrai tout à l'heure sur ma vie de couvent, mais quelques mots de regret sont bien permis à ceux qui n'ont plus rien quand ils ont été au premier rang.

Ah, que l'adversité est cruelle pour celui qui a connu les douceurs de l'existence, quand il faut vivre seul, entouré de petit monde insolent et jaloux.

Moins vous payez de loyer, plus vous êtes aux prises avec les petites gens qui ne vous pardonnent pas votre manière de vivre à « l'écart ».

Quand mon oncle me disait : « Pauvre petite »,
il pressentait peut-être les avanies dont le petit
monde abreuve les gens distingués.

Moi qui me suis dévouée vingt ans de ma jeunesse à secourir les malheureux, si je redevenais
riche, je serais mauvaise, étant forcée de vivre à
côté des petits bourgeois, des femmes d'employés
grossières, paresseuses et menteuses, la plupart
du temps jalouses de toute supériorité et se plaisant à faire le mal.

Oh ! qu'il y a de femmes méchantes dans cette
catégorie.

Les femmes des simples ouvriers doivent être
meilleures; elles travaillent et le travail donne du
cœur.

La plaie de la société actuelle c'est le luxe et
la paresse.

Paraître, bien vivre et ne rien faire; tel est le
rêve surtout des femmes.

Ah, nous savons qu'il y a de nobles exceptions,
mais pas assez pour donner le bon exemple. Les
femmes simples, honnêtes et vertueuses se
cachent, vivent seules dans leur intérieur et travaillent.

Mais toutes les femmes qui courent les maisons
de nouveautés, sous prétexte d'acheter à meilleur
compte, qui partent chaque jour, ne s'occupant
du ménage qu'une heure avant le repas ! Et encore
combien de maris doivent attendre à la porte de

leur logis que madame soit rentrée, n'ayant pas même une double clef.

On parle souvent d'hygiène.

C'est dans les petits appartements, occupés par ces femmes insouciantes, c'est dans les cabinets de toilette, dans leurs cuisines, dans les lits qui restent des années sans qu'on songe à faire laver les matelas, qu'on trouvera les germes de toutes les maladies.

En échange, elles mettent des guipures dessus et dessous.

On aura beau ouvrir de grandes rues, donner de l'eau dans les logements soi-disant insalubres.

Les femmes laisseront couler l'eau, robinet grand ouvert, mais laisseront leur évier, leur fourneau et les coins sales. Surtout les coins, chargés d'ordures.

Si les inspecteurs de la salubrité publique visitaient les maisons, ils pourraient mettre dans leur rapport : « Pas besoin d'agrandir les rues, les épidémies viendront toujours. »

Car il y aura toujours des femmes paresseuses, gourmandes et, par conséquent, malpropres.

Est-ce que vous n'êtes jamais entré dans un ménage d'ouvriers l'hiver et n'avez-vous jamais entrevu ce groupe, la femme, les enfants, vivant dans les ordures, avec le fourneau ronflant à 20° de chaleur et souvent plus ?

Ils vivent dans la crasse, mangeant, couchant

dans la même pièce, mais ne donnant jamais d'air en ouvrant les fenêtres et chauffant toujours. Ne parlons pas de ceux qui, malheureusement, n'ont ni bois, ni charbon.

Mais combien en ai-je vu, moi, allant vendre les chemises, les matelas même, qu'on leur avait donnés la veille, pour acheter du vin et du café, la viande et le pain ne leur suffisant pas.

Et comme on est écœuré quand on songe à tout le bien qu'on a fait ou qu'on a voulu faire, quand on ne trouve plus d'amis.

Le peuple en trouve toujours, des amis et même du pain; on va même à lui, il a les secours, les bureaux de bienfaisance et les asiles.

Mais l'homme bien élevé dans le malheur et sans place, l'homme distingué qui n'est ni rampant, ni hypocrite, c'est celui-là qui souffre et qui n'a jamais d'amis.

Celui-là, on devrait le soulager aussi. Ce sont ces ménages qui paraissent souvent riches et qui n'ont pas de pain.

C'est dans ce milieu qu'on trouve la propreté et l'ordre.

Mais ceux-là feront des jaloux et nul ne soupçonnera les dures privations imposées par la gêne et souvent la misère; qu'il y en a des douleurs cachées dans le monde ruiné, déchu d'une caste souvent princière et qui n'a plus rien.

Voilà la vraie douleur, ceux-là souffrent en silence.

Mais le faux pauvre, donnez-lui, et une heure après il chantera !

Ah, que j'en ai vu de ces larmes passagères que je croyais sincères !

Hélas, le repas fini, on maudissait de nouveau les riches, car il fallait recommencer à travailler.

On cherche une solution des grèves !

On ne se doute pas que les ouvriers, après avoir obtenu huit heures de travail, demanderont six heures.

Combien d'ouvriers gagnent plus que des employés de commerce, qui travaillent plus qu'eux, dont l'instruction a été plus soignée et qui vivent plus simplement.

J'ai vu des ouvriers manger une douzaine d'huîtres par tête en buvant chacun une demi-bouteille de vin pour le déjeuner de neuf heures.

Que sera le repas d'onze heures et le dîner ?

Des femmes d'ouvriers paient cinquante centimes la livre de fraises, quand les femmes d'employés font avec ce prix le plat de viande.

Les femmes d'ouvriers promènent leurs enfants avec des chapeaux garnis de plumes.

Les femmes d'employés leur mettent un nœud de ruban.

Comment veut-on qu'il en soit autrement, puisque même dans le *Petit Journal*, la Mode, soi-disant pratique, ne parle que d'agrafes, de sachets, de broches et de broderies ?

Est-ce que la femme de l'ouvrier a besoin de broderies, de sachets ? Mieux vaudrait lui dire comment il faut mettre une pièce. Et la fameuse cuisine facile qu'on lui conseille de faire ?

Confectionner du beurre d'écrevisses !

Est-ce qu'on a besoin de beurre d'écrevisses dans un petit ménage ?

Pas un journal qui donne un conseil pratique ! Pas un journal de mode qui conseille à la femme d'ouvrier la manière de se faire une simple robe, un jupon.

Ah, oui, il faut des tuniques !

Combien de femmes se promènent en pelisse, à côté de l'ouvrier en blouse et en casquette.

C'est bien dommage que les hommes ne puissent plus mettre le satin et les plumes.

Nous en verrions de belles, aujourd'hui qu'on ne s'occupe plus que de paraître.

Ah ! si nous allions chercher le fond de l'armoire, quelle désillusion !

L'ambition des ménagères d'autrefois était d'avoir une grande armoire et de montrer beaucoup de linge bien propre et bien empilé.

De nos jours, il n'y a plus d'armoires, c'est trop encombrant et puis que mettrait-on dedans ? Les costumes des magasins de nouveautés n'ont pas besoin d'armoire, un clou suffit.

Et puis les femmes n'ont pas même le temps d'ouvrir l'armoire, elles sont si pressées. J'en ai vu de toutes les couleurs. Mais rester chez elles quand le mari travaille, jamais de la vie.

Il faut qu'elles prennent l'air; nous parlons, bien entendu, de la grande majorité.

J'ai demeuré dans une rue où je pouvais voir de mon premier, environ huit maisons ; eh bien, à deux heures de l'après-midi il n'y avait plus de femmes aux logis, toutes partaient.

Et s'il n'y avait pas eu tous ces caravansérails pour les tenter, peut-être seraient-elles restées au coin de leur fenêtre pour raccommoder leur linge.

Comment veut-on que toutes les femmes vulgaires résistent à tout cet étalage de flaflas à des prix dérisoires ? Tant que l'entrée n'en sera pas interdite elles iront en foule et l'argent du bon pot-au-feu y passera.

Deux sous de bouillon chez le boucher, deux sous de pommes frites et deux sous de salade ; voilà le menu de la femme coureuse, n'oublions pas le hareng-saur, c'est en général le bouquet du dîner. Quelquefois un bifteack à six sous.

Mais si vous les rencontriez après deux heures de l'après-midi, hâtant le pas pour aller voir l'exposition d'un magasin à la vogue ! Dieu, quelles princesses ! Il faut voir comme elles se dandinent et vous ne vous douteriez guère du revers de la médaille.

Et, ce qu'il y a de plus malheureux, c'est que les pauvres maris doivent payer.

Et tout cela et manger des pommes frites; combien parmi ces maris attendent le dimanche pour mettre une chemise repassée.

Ils ne disent rien pourtant parce que tout bas ils pensent que les voisins sont comme eux.

Voilà, comme j'ai dit plus haut, le luxe, la gourmandise engendrés par la paresse.

Avec tout cela j'ai oublié mon couvent. Je reviendrai plus tard à la morale, ce qui n'avance pas à grand'chose, car ce n'est pas moi avec mon bavardage qui changerai les femmes fin de siècle en femmes d'ordre.

Il y en a du reste, mais nous voudrions qu'il y en eût plus et qu'il soit institué un prix Monthyon pour les plus méritantes, sachant faire un paradis de famille de leur intérieur, avec leur travail et leurs humbles ressources.

Certains plats sont impossibles aux petites bourses.

Qu'on leur apprenne à faire une bonne soupe et à confectionner les vêtements les plus nécessaires.

— Bon, mais pourquoi perdre son temps à tirer l'aiguille, tout est si bon marché tout fait !

Voilà justement le malheur ! C'est ce bon marché des accoutrements qui a fait la ruine du petit monde.

C'est très beau de parler d'amélioration du sort des ouvrières.

Nous trouverions que leur situation est trop belle.

C'est leurs mœurs qu'il faudrait changer, car c'est la morale qui leur manque.

Point n'est besoin pour cela de revenir à l'eau bénite.

C'est la femme qui fait la morale, dit-on, et l'éducation.

Cela est bien vrai, mais on a fait de la femme ce qu'on a fait de l'ouvrier.

On les a trop prônés.

Les femmes sont devenues pédantes ; les ouvriers sont devenus insatiables.

Nous a-t-on assez rebattu les oreilles avec la question ouvrière !

Quand un ouvrier parle de huit francs par jour qu'il gagne on dirait à l'entendre qu'il a, avec ce salaire, juste de quoi acheter du pain.

Il veut vivre comme le bourgeois et le rentier qui, quelquefois, après quarante ans de travail, d'économies et souvent de privations, arrivent juste et se retirent avec trois à quatre mille francs de rentes, somme que gagne maintenant aisément un ouvrier, travailleur et habile.

Mais allez donc arrêter les utopistes.

Si le partage avait lieu demain, huit jours après il faudrait recommencer; les viveurs ayant mangé en deux jours de quoi nourrir une famille pendant quinze jours, et ainsi de suite. Moins on travaille, plus on devient exigeant.

Je suis encore au couvent. Nous reviendrons à la morale; j'ai du reste bientôt fini avec les pensionnats, car à quoi bon en parler si rien de saillant ne s'y est passé.

Tous les couvents se ressemblent, la règle est la même.

C'est de l'avant-dernier couvent que je veux parler. C'est à Perpignan que j'étais et encore au Sacré-Cœur.

Cette dénomination se trouvait déjà, il y a quarante ans, dans bon nombre de villes.

Celui dont je veux parler était très vaste; des jardins magnifiques et des prairies immenses.

Un jour, en me promenant, je m'étais assez éloignée de la maison.

J'aperçois des ouvriers déjeunant près d'un mur écroulé.

Ils réparaient une brèche.

Il y a toujours eu des brèches dans les murs des couvents où je suis passée.

Nous étions en carême et le déjeuner avait été maigre; des lentilles, etc.

Je regardais ces pauvres diables mangeant leur pain sec, car deux d'entr'eux n'avaient que cela.

Les autres avaient de la pitance dans des petites marmites.

Mais tout cela ne me paraissait pas suffisant pour soutenir des travailleurs et me semblait plus maigre encore que les lentilles du déjeuner.

L'idée me vint aussitôt de demander quelque chose à la cuisine du couvent et me voilà partie en courant, car c'était bien à dix minutes de distance.

J'entre dans la cuisine toute affairée, mais je ne vois personne.

Par contre, j'aperçois un beau gigot, bien à point, magnifique, à la broche.

Prendre une serviette, car j'avais peur de me brûler, et attraper le gigot qui reposait tranquillement dans la lèchefrite et m'enfuir, fut plus vite fait qu'il ne faut de temps pour l'écrire.

Je refais le même chemin et arrive bientôt près des ouvriers.

— Voilà, mes amis, quelque chose que la supérieure vous envoie.

— A nous !

— Mais, certainement, puisque je vous le dis !

Le plus vieux eut cependant l'air d'avoir des doutes.

— Mais, après tout, dit-il, mangeons, cela ne nous fera pas de mal.

Ah ! quel orage j'avais déchaîné. Tout le monde criait quand on m'aperçut, le diable n'aurait pas fait plus de bruit.

— Le gigot ! dites où est le gigot ?

Toutes les catastrophes m'étant attribuées, on m'avait cherchée en constatant la disparition du gigot.

— Eh bien ! vous ne répondez pas, disait la supérieure, où est le gigot ?

— Le gigot est mangé, répondis-je.

— Et par qui, je suppose que vous ne l'avez pas mangé toute seule.

— Ce sont les maçons qui l'ont mangé. Ils n'avaient que du pain sec et je suis venue à la cuisine pour vous demander quelque chose.

N'ayant trouvé personne et apercevant le gigot, je l'ai pris et je suis partie.

— Ah, mauvaise gale, maudite, etc., etc. Tous les mots proférés seraient trop longs à répéter.

Mais les sœurs m'enfermèrent dans une chambre et envoyèrent chercher mon oncle.

Ah, quel bon sang il se fit quand je lui racontai l'histoire, car il me croyait.

Il savait que je ne mentais pas, en lui rapportant que nous avions mangé des lentilles et que le gigot devait être pour monsieur l'aumônier, qui, paraît-il, fut malade de ne pas avoir son dîner annoncé.

Ce pauvre gigot fut payé bien cher.

Car il ne faut pas croire que les bonnes sœurs abandonnent un gigot pour le donner aux maçons en semaine sainte.

C'est un péché mortel de manger la viande

la semaine sainte et les maçons n'avaient peut-être pas la permission.

Permis à l'un, pas permis à l'autre — pour parler en actes de conscience, bien entendu. Les pauvres gens se sont bien amusés, car mon oncle a voulu les voir et il leur a donné vingt francs pour manger un autre gigot le lendemain et boire à ma santé.

Mais il a fallu partir, car j'avais déjà fait une autre incartade dans ce couvent et que j'aurais dû raconter la première.

Mais qu'importe, pourvu que la raconte, car je ne veux rien omettre.

Il y avait dans ce couvent des professeurs de danse, de dessin, d'histoire et de mathématiques.

C'est ce dernier qui trouvait plaisir à m'embarrasser par ses questions et malheureusement j'ai toujours été brouillée avec les chiffres.

Bref, ne pouvant pas arriver à répondre aux questions posées, je lui jetai l'ardoise à la tête.

Mais il paraît que je lui fis mal et, cette fois, on m'enferma dans la chambre de méditations.

Comment veut-on qu'une gamine de dix ans puisse résoudre les problèmes les plus saugrenus: une maison a cent soixante-quinze carreaux, soit cinquante carreaux par fenêtre; chaque carreau coûte soixante-quinze centimes. Combien le total de la dépense pour le vitrier ?

C'était le professeur qui parlait ! C'étaient ces quinze centimes qui m'embarrassaient.

J'étais dans une colère noire.

Il me regardait sournoisement; il avait du plaisir à me taquiner et, ma foi, je n'avais guère d'autre défense que de lui jeter l'ardoise à la tête.

Si ce compte était fini, le mien ne l'était pas.

Je faisais dans la fameuse chambre de méditations une figure qui aurait fait pleurer mon singe!

Je me consolais en pensant que quelque bonne âme avertirait mon oncle et qu'on ne me laisserait pas méditer toute la nuit.

Quand tout-à-coup la porte s'ouvre, et l'aumônier, portant la croix, l'eau bénite, etc., arrive.

Ils avaient imaginé de m'exorciser, disant que j'avais le diable dans le corps.

Une autre que moi aurait eu peur et aurait pu devenir malade.

Dame, pareille scène ! Mais je n'ai jamais cru au diable.

Je ne perdis pas la tête, je pris une planche du lit de la fameuse chambre et avant qu'il eût le temps de commencer sa prière, je tapais l'aumônier si fort à la tête qu'il tomba.

— Le voilà, le diable ! criai-je.

Mon oncle, allez chercher mon oncle !

Et, de fait, une heure après, il arriva. Ah, il fallait le voir et surtout l'entendre crier, tempêter et jurer, quand il me vit dans ce cachot. Il aurait bien mangé tout le couvent s'il avait pu, et ces coquines m'accusaient encore.

— Raconte-moi la scène sans rien omettre, dit-il.

Et quand j'eus fini, il regarda les nonnes et il me dit :

— Brave gamine ! Tu ne l'as pas tué, c'est malheureux !

Et nous partîmes. Quand nous fûmes dehors il me prit dans ses bras :

— Pauvre petite, tu n'as pas eu peur, au moins?

— J'avais seulement eu un frisson, répondis-je, de penser qu'il me faudrait passer peut-être la nuit dans cet antre ! Grâce à toi, c'est fini !

Et voilà comment il était forcé de me déménager si souvent. Et quand sa femme était à la maison il me plaçait où il pouvait, car, elle aussi, croyait au diable et à toutes les momeries.

Quelque temps après il me mena à Marseille.

Mais mon père venait de se marier et on me conduisit à Aix, dans un autre couvent.

Mais là rien d'anormal; je commençais à réfléchir, je devenais triste.

Dans nos promenades nous étions souvent passées devant un pensionnat, tenu par une vieille fille.

On prônait beaucoup son mérite et son urbanité, son éducation, etc.

Il me prit fantaisie d'aller lui demander l'hospitalité.

Bien entendu, je n'allais pas lui dire : « Je viens du couvent de l'Espérance. »

Je ne me rappelle guère le nom de ce couvent mais qu'importe.

Je lui fis une histoire presque vraie.

Mais, au lieu de lui parler de Marseille et de Perpignan et autres villes, je lui dis que je venais de Toulon, que je n'avais point de mère et que mon père s'était remarié.

Là dessus, la voilà partie ! Au lieu de me demander si j'avais faim, soif, si j'étais fatiguée — puisque je lui demandais l'hospitalité elle devait me l'accorder sans curiosité aucune, le premier jour, du moins.

Ah ! bien oui, elles entendent l'hospitalité les dévotes !

Et pourquoi et comment êtes-vous venue ? Et elle se met à écrire à droite et à gauche. Moi je voulais voir la maison et l'étudier elle-même.

Je riais sous cape. Elle prenait tous les tons, enfin elle me fit souper avec elle.

Il paraît qu'elle croyait me faire un grand honneur.

Mais me voyant indifférente, elle commençait à se dépiter.

Elle prêchait, prêchait et elle me versa deux fois à boire.

Mais je la voyais venir; elle voulait des confidences.

Tout à coup elle change de ton. Elle se plaint de m'avoir fait l'honneur de sa table; je devais être ceci et cela.

Ah, coquine, elle m'insultait ! Mais patience, me disais-je tout bas, j'aurai mon tour.

Et quand elle eut fini de crier, je la regardai en lui disant : « J'ai sommeil, mademoiselle, donnez-moi une chambre ou laissez-moi partir. »

— Qui que vous soyez, dit-elle, je ne puis vous mettre dehors à pareille heure.

Mais d'après la chambre je vis bien que cette coquine avait toutes les mauvaises pensées possibles.

Je ne dormis guère, j'étais indignée.

Il paraît qu'au lieu de se coucher cette vieille fille avait manigancé un complot.

— Ah, les dévotes, disait mon oncle, quels serpents.

A huit heures du matin on m'apporta du café ; mais soit la colère sourde que j'avais eue en moi, l'indignation d'une pareille hospitalité, j'étais malade.

La servante s'en aperçut et fit chercher la maîtresse du pensionnat.

Après m'avoir vue et m'avoir lancé un mauvais regard, elle me dit qu'on allait chercher le médecin.

Une heure plus tard arrive un soi-disant médecin.

Je m'étais levée, le regard de la dévote m'avait guérie, quelle hyène !

Le médecin me regarda.

— Qu'avez-vous, mademoiselle ?

— Je n'ai rien du tout que de l'indignation, répondis-je. D'abord vous n'êtes pas médecin.

— Ah, qui peut vous le faire supposer ?

— Je le sens. Vous êtes commissaire de police ou juge d'instruction.

— Diable, vous êtes bien intelligente, mademoiselle.

— Monsieur, lui dis-je, donnez-moi votre parole d'honneur que cette coquine ne saura rien de ce que je vais vous dire.

— Je suis le procureur impérial, me répondit-il, et la directrice que je connais est venue me consulter et me voilà.

Mais je suis persuadé qu'elle a fait une bêtise, qui êtes-vous ?

Et quand j'eus raconté mon aventure il avait bien envie de rire.

— Si jeune et déjà si forte, dit-il, et déjà philosophe.

— Avez-vous de l'argent sur vous ? et voulez-vous rentrer aujourd'hui ?

Il vaut mieux la laisser admonester par votre oncle.

Voulez-vous qu'on vous accompagne ?

— Non, je veux qu'elle ignore qui je suis et où je suis et je veux sortir seule.

Allez-vous en et dites-lui qu'elle me laisse sortir, et *motus* ! J'irai vous prendre et vous me conduirez vous-même chez mon oncle.

— Vous viendrez au parquet, vous, mademoiselle, à votre âge ?

— Mais j'ai bientôt quinze ans et je suis déjà vieille.

— Comme vous voudrez.

Et le voilà parti. Mais la trop zélée directrice était stupéfaite, voyant que son médecin ne lui racontait rien, sinon qu'elle devait me laisser libre. Ah, quelle figure, Bon Dieu ! Il faudrait pouvoir fixer les traits de chaque figure dans les grandes occasions. Et l'occasion était belle, ma foi, de dire à cette pécore ses vérités.

Mon oncle ne dit pas grand'chose, mais vraiment je n'aurais pas voulu qu'il s'adressât à moi.

— Mademoiselle, quand on est à la tête d'une maison d'éducation civile ou religieuse, qu'une jeune fille, quelle qu'elle soit, vient frapper à votre porte et vous demande l'hospitalité, on n'envoie pas chercher le procureur par le commissaire de police.

Vous avez agi comme une maîtresse de garni de la banlieue.

Vous n'êtes qu'une sotte et une vaniteuse. Je

vais signaler votre manière d'agir dans un journal.

Et la voilà à genoux cette pécore, pleurant et gesticulant, demandant pardon.

Demander pardon pour avoir mal agi, voilà ce que je ne comprenais pas bien.

Quand on n'a pas le courage de supporter les suite de ses actes, il n'y a rien à faire et ce fut moi avec ma logique qui terminai le sermon.

— Laisse-la, mon oncle, si tu savais comme elle m'a amusée avec sa morale, qui ne s'adressait pas à moi; elle ne peut pas être mieux, elle est assez punie ! Et nous partîmes.

Et de fait elle fut punie sans le journal, car les pierres parlent dans les couvents ou les institutions ; point n'est besoin de publicité.

J'ai du reste toujours cru que les mauvaises actions ne portaient pas bonheur.

Mon oncle me conduisit à Marseille, sa femme ne voulait pas de moi.

Et mon père allait se marier !

Ah, quelle vie que la mienne !

Si je n'avais pas été philosophe il y a longtemps que je serais morte.

Mon père avait un secrétaire qui se nommait M. Bougarel. C'est lui qui fut chargé de me trouver un gîte convenable.

C'est à la Blancarde, près de Saint=Barnabé,

qu'on me conduisît chez les dames de la Compassion.

Le père jésuite Barthes en était le directeur et ce fut lui qui vint me chercher aux Aygalades.

Mon oncle devait partir pour Lyon, mon père était souffrant.

Je partis donc seule avec le P. Barthes qui en arrivant au couvent me recommanda « comme les prunelles de ses yeux », ce qui mit le couvent sens dessus-dessous.

La Blancarde avait été habitée autrefois par le connétable de Bourbon.

Ancienne habitation sans style architectural, mais avec de grands jardins et une belle vue sur la mer.

A cette époque, il y avait à côté des bas jardins l'habitation d'Alexandre Dumas; on recevait beaucoup de monde et il y avait souvent concert dans cette maison, j'allais toujours de ce côté car on me laissait libre dans mes promenades.

C'est du reste le seul bonheur que j'aie eu dans ma jeunesse. Si mon oncle ne m'a pas donné tout le bonheur qu'il aurait voulu c'est qu'il ne l'a pas pu. Lui-même n'était pas très heureux et bien souvent il me disait : « Si je ne t'avais pas, il y a longtemps que je serais parti. »

J'étais donc souvent dehors et le soir j'allais toujours du côté où j'avais entendu chanter et rire.

Je voulais voir ce qui se passait dans cette maison.

Et un beau soir je passai à travers la brèche du mur.

J'ai dit plus haut : je crois que dans les couvents les murs ont toujours des brèches. De fait, je ne me rappelle pas en avoir vu un seul sans ce défaut dans les clôtures. Pourquoi, je l'ignore.

Je reviens à mon récit. M. Dumas était comme moi; il était curieux et il m'avait vue rôder autour de sa maison; il voulait savoir ce que je cherchais et ce soir-là il me guettait.

Il faisait assez noir et il s'était caché dans un massif pour bien me dévisager.

Je n'ai jamais été poltronne. J'ai peur d'un insecte mais pas d'un lion. Démêlez cela si vous pouvez.

La fenêtre de la salle à manger était ouverte, il y avait quelques femmes, le nombre m'échappe.

Je regardai de tous mes yeux. A ce moment une des femmes levait son verre en disant à ses voisins en riant :

— Je bois à vos nouvelles amours.

J'ai oublié la phrase suivante.

— Ah, qu'elle a l'air bête, m'écriai-je.

A l'instant M. Dumas sortit de sa cachette en me disant :

— Vous trouvez ?

4*

Je fus interloquée, tellement surprise qu'il me fut impossible de parler.

Mais son aplomb et sa bonhomie m'eurent vite calmée.

Il me dit en riant :

— Ah, petite sournoise, je vous y prends cette fois à espionner dans ma propriété.

Mais, éloignons-nous un peu, car les femmes bêtes ont l'oreille fine et comme je sais que vous êtes au couvent je ne veux pas qu'il vous arrive quelque mésaventure.

La lune à ce moment se mit à briller faiblement et il me regarda :

— Qui êtes-vous ? me dit-il.

Mais moi je ne lui demandais pas qui il était.

Peu m'importait du reste.

Je lui tendis ma carte. Après avoir lu mon nom il me regarda de nouveau en me disant :

— Vous êtes donc malheureuse ?

Ah, pauvre petite, moi qui voulais vous gronder; que votre regard et votre petite tête vont me faire rêver !

Je m'en allai bien vite, car la cloche sonnait et je n'ai plus eu envie de passer la brèche.

Le temps s'écoula comme ailleurs, rêvant et pleurant quelquefois.

J'ai souvent cherché et cru voir l'esprit de ma mère, quand le soir j'errais seule et triste dans les sombres allées des couvents.

Hélas, les morts ne reviennent plus.

J'ai même parlé à la lune quand j'étais dans les bois silencieux.

— Comment se peut-il, disais-je, que tu brilles d'un pareil éclat, quand le sol est jonché de cadavres ?

C'était pendant la guerre, dont je parlerai plus loin.

Mais ni la lune, ni le soleil, ni les autres astres ne m'ont jamais répondu.

Je leur demandais ma mère pourtant !

Mais je n'entendais que le silence et tout s'enfuyait à l'approche du jour.

Le travail quotidien remplissait la journée; j'ai toujours été occupée, l'oisiveté ne m'a jamais effleurée.

Quand les livres me paraissaient fades, je m'en allais à la lingerie, à la cuisine même.

J'allais partout et si je trouvais une des religieuses, soit à laver ou à repasser ou à coudre, je faisais comme elle et, ma tâche finie, je partais de nouveau.

Et au moment où je m'y attendais le moins, mon oncle arrivait et tout changeait de face !

Quand il ne pouvait pas m'emmener chez lui nous voyagions et toujours la même vie recommençait.

Lui se plaignait de sa femme, moi du couvent. Mais il m'embrassait si fort que mes douleurs et mes rêves tristes s'envolaient ; il en était de même de lui, il revenait joyeux et était content jusqu'au nouveau départ.

Puisque je suis encore au couvent, je dois relater une scène que j'ai omise et qui se passa dans le couvent des Dames de St-Charles, je crois.

Je ne me rappelle pas bien lequel, quoique n'ayant jamais oublié cette soi-disant cérémonie, qui me valut d'être chassée ou renvoyée, comme on voudra.

C'était pendant le mois de Marie et dans beaucoup de couvents le samedi on couronne la Vierge.

Dans celui dont je veux parler, les élèves devaient faire chacune une couronne. Il était permis de courir les jardins et même les prés — du couvent bien entendu.

Il y avait quelquefois plus de vingt couronnes que la supérieure retournait, regardait pour choisir la plus jolie qui devait servir pour le couronnement de la Vierge.

Je n'avais jamais voulu assister à la cérémonie, mais un jour la couronne faite par moi ayant remporté le prix, je me décidai à y aller.

La chapelle était toute petite, de style gothique, mais si coquette, si fleurie, qu'on se croyait dans un salon. Les vitraux brillaient et ce jour-là il me semblait voir sourire tous les vieux saints peinturlurés sur le verre.

On dressait pour la circonstance un petit trône.

Ce trône était élevé de trois ou quatre marches. La Vierge était sur son piédestal, parée et enrubannée et vraiment, pour les jeunes têtes, c'était charmant.

Moi, je lui avais dit souvent tout bas :

— Est-ce que vous ne pourriez pas me faire voir maman ?

Un jour il m'avait semblé l'avoir vue sourire et incliner la tête.

Hélas ma demande est toujours sans réponse, je n'ai jamais vu ma mère et malgré cela j'allais couronner la Vierge.

On chantait pour cette cérémonie un cantique que je n'ai jamais oublié :

> « Vierge, reçois cette couronne,
> « Fais qu'elle soit le gage heureux
> « De celle qu'auprès de ton trône
> « Tu nous réserves dans les cieux.

J'ai oublié les couplets, mais je dois dire que je chantai de bon cœur et quand ce fut mon tour j'étais tellement émue que je tremblais.

Mais ni les sœurs ni les élèves ne me comprenaient.

Je gravis les trois marches dans un état impossible à décrire.

On devait poser la couronne sur la tête de la Vierge, la reprendre et la passer à l'élève suivante.

Comment se fit-il qu'au lieu de soulever la couronne je l'enfonçai sur le cou de la Vierge ?

Je ne sais, mais le pied me manqua, la peur m'empêcha de lâcher la couronne et patatras, un vacarme épouvantable et tout fut brisé et je me trouvai sous les décombres, blessée et plus morte que vive.

Eh bien, ces coquines, au lieu de penser à moi, de me relever et de voir si j'étais blessée, elles criaient, gesticulaient :

— Sacrilège ! abomination, etc.

Ah, les mauvaises disaient que je l'avais fait exprès, et j'avais été vraiment pieuse ce jour-là.

Sans le jardinier, qui, comme partout, était payé pour avertir mon oncle de tout ce qui m'arrivait, on m'aurait oubliée sous les décombres.

J'avais une jambe en sang et les religieuses ne pensaient qu'à leurs morceaux de plâtre.

Elles finirent pourtant par me relever, car je me trouvai dans ma chambre quand, quelques heures plus tard, mon oncle arriva.

Mais quand il me vit, ce pauvre homme, il en fut si bouleversé, qu'il avait les larmes aux yeux.

— Mon bon oncle, lui dis-je, et je m'évanouis.

— Dis-moi tout !

Ah, il me connaissait, lui !

Elles avaient beau crier que je l'avais fait exprès.

— Taisez-vous, sacrées garces ! Vous mériteriez qu'on brûle votre couvent.

Et il m'emmena de nouveau avec ma jambe enveloppée et vraiment j'avais le cœur meurtri.

— Ah, pauvre petite, disait-il, pour une fois que tu as voulu être pieuse te voilà blessée, et de sentiments plus blessée encore ! Tu vois, reste donc ce que tu es. Sois indifférente, cela vaudra mieux et tu souffriras moins.

Il avait grandement raison et malgré cela le fameux couronnement lui coûta plus de deux cents francs.

Mais revenons à la Blancarde ; j'avais dix-huit à vingt ans à ce moment. Je crois même que j'avais plus.

Un jour, j'étais seule dans la chapelle; je ne priais jamais mais j'ai toujours aimé la solitude et quand la chapelle était déserte c'est alors que j'y allais.

Ce jour-là je n'étais pas seule.

Derrière l'autel, il y avait une grande statue de la Vierge, à peu près dans le même genre de celle qui se trouve à Saint-Sulpice.

Derrière l'autel également il y avait un artiste sculptant des têtes d'anges.

Mais c'était un homme de talent et les hommes de talent sont timides à l'excès.

Il n'osa point m'adresser la parole et continua à travailler.

Je ne pus m'empêcher de pleurer et je me levai et sortis en disant :

— Eh quoi, tout est sourd pour les orphelines !

Quelques jours se passèrent et je revis ou vis, plutôt, un jeune homme en blouse grise dans le jardin.

J'avais vu son travail mais je n'avais pas encore vu l'artiste.

— C'est vous, monsieur, qui travaillez dans la chapelle ?

— Oui, mademoiselle. Comment trouvez-vous mes têtes d'anges ?

Je me recueillis un instant.

— Trop bien, lui dis-je.

— Comment, trop bien ?

— Ceux ou celles qui prieront devant ne verront guère votre art. Des momies leur suffisent.

— Mais vous les jugez, mademoiselle, et croyez-moi, cela me rend bien heureux.

Je m'en allai toute troublée. Je n'étais pourtant pas amoureuse, je ne l'ai jamais été.

Mais cet homme avait un front superbe.

Des cheveux noirs et bouclés.

Deux yeux d'une intelligence extraordinaire, voilés d'une tristesse amère.

Je le rencontrai quelques jours après; il prenait son repas dans le jardin.

Les bonnes sœurs n'avaient pas jugé à propos de le faire rentrer, il faisait pourtant bien chaud.

Mais c'est si égoïste les religieuses ! Sous prétexte de règlements, elles laisseraient mourir les gens à leur porte.

Je lui tendis la main et il fut tellement touché qu'il se mit à pleurer.

— Vous êtes malheureux, lui dis-je, il faut me raconter ce qui vous fait pleurer.

Il me narra sa vie; il avait été à Rome, en Egypte, avec son maître Caillol, comme lui enfant de Marseille.

Il n'avait plus ni père ni mère. Il était donc orphelin comme moi.

Il avait le génie et la foi.

Il m'aimait; c'est moi qui le demandai en mariage, car il n'aurait jamais osé.

Je lui donnai ma main, mais je ne pouvais lui donner mon cœur !

Je ne voulais qu'une chose, le sauver, car il était poitrinaire.

Mon père et mon oncle vivaient encore. Ils me laissèrent agir à ma guise.

Ont-ils eu tort ou raison ?

Je ne sais. Mais le pauvre artiste mourut six is plus tard.

Mon père était mort deux ans après mon mari; ion oncle mourut en 1862 et mon mari en 1867.

Mon père m'avait donné deux cent mille francs de la main à la main.

Je les dépensai en voyages et mon pauvre artiste ne se plaignait jamais.

A sa mort, je me trouvai seule avec vingt-cinq mille francs qui furent bientôt dépensés.

Je quittai Marseille et vins à Paris, au couvent de la Croix.

Je me rendis aux Tuileries quelques jours après.

Mais je dois dire quelques mots de ce couvent de la Croix.

Pour mieux le dépeindre on peut dire hardiment : c'était une mauvaise hôtellerie.

J'en avais entendu parler à la Blancarde.

Car ce pensionnat était tenu par les dames de la Compassion et ces dames tenaient à Marseille, 11, rue Savournin, l'Œuvre des Servantes, comme à Paris font les sœurs de Saint-Vincent-de-Paul et peut-être d'autres rue de Vaugirard. Ce couvent de la Croix se trouvait, à l'époque, rue du Cherche-Midi, 138. L'immeuble existe toujours et en passant sur le boulevard Montparnasse j'ai souvent regardé la fenêtre de la chambre que j'occupai.

Il y avait là des dames de toutes sortes : des jeunes, des vieilles.

Au moment de l'Exposition de 1867 il y en avait même qui ne rentraient pas le soir ; mais elles payaient bien et on fermait les yeux. Il y avait dans ce couvent un petit jardin et dans ce jardin une petite chapelle de St-Joseph.

Les dames étaient invitées à donner quelques babioles à St-Joseph, pour sa fête, bien entendu.

Un jour, la supérieure me dit que je devrais bien donner quelque chose à St-Joseph.

— Je veux bien, répondis-je, mais c'est à condition qu'il me le rende.

— Il vous le rendra, n'en doutez pas.

— Eh bien c'est entendu, je lui porterai un kilog de bougies.

Je partis à l'instant, rentrai dans ma chambre et pris les bougies.

Je fus trouver St-Joseph; je déposai sur l'autel les bougies et le regardant, je lui dis :

— Je vous les donne, mais c'est à condition que si j'en ai besoin un jour vous me les rendiez.

Il n'en fit rien pourtant et à un moment donné je me plaignis à la supérieure car je n'avais plus de bougies et pas beaucoup d'argent.

Mais cette fois la sœur eut un bon mouvement et, le soir, quand je rentrai dans ma chambre, je trouvai deux paquets de bougies avec un petit billet ainsi conçu : « De la part de Saint-Joseph. »

Un jour elles exprimaient leurs regrets à l'abbé Chabaud de ce que je ne me confessais pas et lui disaient qu'elles voudraient bien me voir à la sainte table.

— Soyez sans crainte, ma sœur, elle se confesse toute la journée, dit-il.

Il n'était pas bête, cet aumônier, et depuis ce jour on me laissa tranquille.

Et comme je voyais que mes pauvres mille francs filaient, filaient comme des étoiles filantes, je me suis mise à faire des vers à tout le monde, à commencer par l'Empereur et l'Impératrice, et chaque matin je partais pour les Tuileries.

Le maréchal Vaillant m'avait fait donner mes entrées.

J'allais souvent chez lui mais j'avais la manie de vouloir tout voir et j'allais chez tout le monde, quant à me faire des amis je n'ai jamais eu ce don ni chez les hommes ni chez les femmes.

Un jour je me trouvais chez le marquis de Bienne, lequel avait aussi souvent ma visite, car j'aimais à entendre la musique dans le jardin réservé des Tuileries et son cabinet avait des fenêtres sur ce jardin. Alors je m'installais dans un fauteuil, roulé à l'embrasure d'une fenêtre du salon, et je regardais les allants et venants.

Un jour, le docteur Conneau passe, sortant d'un autre salon, et le marquis de Bienne me dit quand il fut passé :

— Comment trouvez-vous ce monsieur qui vient de sortir.

— Ma foi, franchement, il a l'air d'un singe, qui n'a pas encore été au jardin des Plantes.

On le lui rapporta, nous étions seuls cependant à ce moment-là, mais dans les palais les murs ont des oreilles et on n'est jamais seul.

J'allais bien souvent déranger le marquis de Bienne, mais comme il fallait que je demande quelqu'un pour entrer, le maréchal Vaillant me l'avait donné pour chaperon et c'était donc à lui que je devais m'adresser.

J'allais également voir le duc Tascher de la Pagerie qui était malade à ce moment.

Un jour je demandai au duc de Bassano, je crois, mais je ne me rappelle plus exactement, trois billets d'entrée pour aller à la messe, que j'avais promis à des dames du couvent. Il me les refusa. Les billets étaient sur la table.

— Vous ne les aurez pas, me dit-il.

— Je les aurai, répondis-je, et je les pris. Mais je lui jetai un livre à la tête et je me sauvai.

Mais je n'allai pas bien loin, on criait, on faisait un vacarme épouvantable; on me saisit et on me conduisit chez le maréchal Vaillant, qui fit semblant de me gronder tout à fait comme mon oncle.

— Ah, vous en faites de belles; on va vous défendre d'entrer et vous resterez dans votre couvent.

Mais l'Empereur était dans le Palais et il m'aimait assez je crois, car il me regarda en souriant.

— Vous avez vos billets, disait-il; eh bien, allez-vous-en, mais ne recommencez plus.

Avant de raconter ma prouesse de la messe, je dois relater les incidents de la première audience qui me fut accordée par l'Empereur.

La date ne me revient pas à la mémoire, je sais que nous étions au mois de juin. J'attendais dans le cabinet du maréchal Vaillant qui était allé au rapport.

Quand il vint me chercher il me trouva à écrire sur son bureau.

— Venez, me dit-il, l'Empereur vous attend.

Quand je fus à la porte il me laissa; on ouvrit une autre porte et on m'annonça.

L'Empereur était assis derrière un grand bureau, qui le cachait complètement.

Il me dit assez rudement :

— Avancez, madame.

Mais ne le voyant pas, je ne bougeai pas, ce qui le mit en colère. Alors il se leva et cria plus fort en disant :

— Mais vous ne m'avez donc pas entendu, madame ?

— Sire, répondis-je, j'ai très bien entendu, mais je ne vous avais pas vu.

— Ah, diable, j'en étais sûr, que vous me feriez lever; ah, quelle tête, et quel malheur que vous ne soyiez pas mieux partagée.

Voyons, malgré tout, vous m'intéressez ; que puis-je faire pour vous ?

Il me conseilla de faire une démarche pour un bureau de tabac. Ce que je fis, mais il fallait des papiers, que je n'ai jamais eus.

Il me donna trois mille francs et me fit recommander dans mon couvent.

— Vous reviendrez me voir, j'aime à causer avec vous. Tout le monde vous en veut, surtout les femmes, et je crois que c'est pour ce motif que vous m'intéressez.

Hélas, la guerre arriva quelques mois après et je ne le revis plus.

Le maréchal Vaillant me reçut après que l'Empereur eut quitté les Tuileries. Nous étions dans le bureau de M. de La Charme, son secrétaire. On criait dans la rue de Rivoli :

— A Berlin ! A Berlin !

Je regardai le maréchal en lui disant :

— Les Français n'iront pas à Berlin, mais je crains bien que les Prussiens ne viennent ici.

Il pâlit et me regardant très ému :

— Ne dites pas cela, j'ai de noirs pressentiments aussi, je vous conseille de quitter Paris.

Il me serra la main et je le laissai consterné.

Et, comme l'Empereur, je ne devais plus le revoir.

J'étais malade ; je connaissais de Marseille le

P. J. Nourry ; j'allai donc tout droit à la rue de Sèvres. Je ne le trouvai pas.

Ceux ou celles qui n'ont plus ni famille, ni fortune, me comprendront : j'avais le cœur gros en songeant à ma patrie.

Le P. Nourry était à Versailles et je partis.

J'arrivai rue des Bourdonnais exténuée.

Il me reçut comme on reçoit les enfants. Me voyant malade il demanda où je logeai.

J'étais à ce moment rue du Pont-Neuf, dans l'Hôtel des Ducs de Bourgogne, maison de famille, chez Mme Giraudin, dont le père était millionnaire et qui ne tenait cette maison que pour se distraire.

Il ne voulut pas que j'y revienne et me fit conduire chez les dames du Sacré-Cœur ou de la Retraite, à Montreuil, près de Versailles.

Ces dames avaient une maison rue du Regard, à la place où se trouve actuellement le Mont de Piété.

Je retournai le lendemain avec une sœur rue du Pont-Neuf faire mes malles et revins le jour même à Montreuil.

Mais je m'aperçois que j'ai précipité les événements et je dois dire ce que j'ai fait l'année avant la guerre — soit en 1869.

J'étais allée loger rue Gay-Lussac, à l'hôtel du même nom; dans cet hôtel, bien tenu, du reste, les femmes n'étaient pas admises, il n'y avait que des médecins militaires.

Je connaissais la maîtresse d'hôtel, qui avait été femme de chambre chez mon père.

Je ne sortais pas et je travaillais souvent à faire de la tapisserie dans le bureau de l'hôtel, qui tenait lieu de salle à manger pour les logeurs.

J'étais comme chez moi, mais, la nuit venue, je montais dans ma chambre.

Je reçus des billets, des billets doux, sous ma porte.

Je n'étais pas femme et je ne voulais pas d'amant.

Je ne sus me faire qu'un ami, ce qui me valut la haine de trois autres hommes.

Chaque jour il me donnait une fleur; il m'aimait sans me le dire.

On l'entraîna au mal et un jour il tomba malade.

On le conduisit au Val-de-Grâce et moi je quittai la rue Gay-Lussac pour la rue du Pont-Neuf.

Je fus voir mon ami plusieurs fois.

Un jour, je le trouvai pleurant et désespéré.

Je voulus en savoir la cause. Il me montra une lettre de sa mère à qui il avait demandé de le recevoir malade. J'ignorais sa maladie, mais en lisant la lettre de sa mère, refusant de le recevoir je la devinai. Quand j'eus fini de lire, je le regardai, il était en larmes et me dit :

— Oh, ma mère me laissera mourir à l'hôpital.

— Vous êtes donc bien mal ici ? demandai-je.

— Je suis très bien ici, mais je sens que si j'y reste je mourrai.

— Eh bien, mon ami, savez-vous ce qu'il faut faire ?

— Dites, dites vite ?

— Il faut venir chez moi.

Il tomba à genoux. Ah, le malheureux ! je ne pouvais plus le relever.

— Vous me recevrez, vous, vous ?

— Oui moi ; allons relevez-vous et préparez-vous.

Je suis à la rue du Pont-Neuf, j'ai deux grandes chambres. Je vous en offre une. Vous vous soignerez et, une fois guéri, vous partirez pour Constantine.

— Mais le monde ? Que dira-t-on ?

— Peu m'importe, lui dis-je, je n'écoute que mon cœur charitable et ma conscience qui me dit que je fais bien.

Ni l'un ni l'autre nous ne nous doutions de la haine de ses camarades.

Le principal du Val-de-Grâce qui m'avait donné la permission de le visiter m'avait présenté M. de Beuvron, aumônier.

J'avais même écrit un hymne à Saint-Maurice et le jour de la fête il le fit chanter par les soldats.

J'étais en de très bons termes avec M. de Beuvron et j'allais tous les dimanches à la messe au Val-de-Grâce.

Je ne serais pas allée dans une église ordinaire mais comme il n'y avait que des soldats la messe avait plus de charmes.

M. le principal me faisait des visites; il m'avait même rendu service, mais voilà que la jalousie le prend.

Il arrive un jour et me trouve devant le feu avec mon malade.

Ils se serrèrent la main et il me dit avec malice:

— Je vois que vous êtes en bonne compagnie, je vous laisse.

Je ne compris pas la signification de ce mot et je n'y fis pas attention.

Mais mon ami avait compris et il me demanda si Monsieur C. était venu me voir souvent.

Je lui répondis.

— Deux ou trois fois.

— Que vous a-t-il dit ?

— Il m'a fait la cour, me disant qu'il était veuf, qu'il soutenait sa sœur qui était veuve également, et avait des enfants ; je trouve sa conduite très belle.

— Mais il est marié, me dit-il indigné, et il vous a menti.

Je tombai des nues. Mais j'étais tellement vexée que je pris ma plume et malheureusement pour moi, je suis un peu trop mordante.

Ma lettre partie je n'y pensai plus, pas davantage quand mon ami quitta quelques jours plus tard la France pour Constantine. Ma missive cependant avait déchaîné toutes les passions.

Ce malheureux officier principal nommé C*** avait un ami, également officier d'administration, et tous les deux ils machinèrent une infamie qui me fit mettre en prison.

Le principal écrivit au commissaire de police, M. Barlet, du quartier de la Sorbonne où j'étais logée à ce moment, que je m'étais servie de mon nom pour lui soutirer de l'argent.

Le commissaire Barlet me fit appeler.

Je fus insolente, dit-il, et sans mandat, de sa propre autorité, il me fit mettre en prison.

Il m'accompagna chez moi, fit une perquisition, comme chez un conspirateur, saisit tous mes papiers et séance tenante me conduisit à la Conciergerie. Et me voilà en prison.

J'étais en grande toilette ce jour-là, on prit mes bijoux, etc.

Le lendemain je fus conduite chez M. Quercnet, juge d'instruction. Il avait deviné une vilaine affaire, car il me demanda si je connaissais quelque femme.

— Mais non, monsieur, je n'ai ni mari, ni amant et même pas d'ami.

Je lui dis ce que je viens d'écrire.

Il me demanda si j'avais de l'argent.

Sur ma réponse négative il me prêta cent francs.

Il me fit alors conduire par un gendarme tout comme une coquine, mais il me dit en se levant :

— Ce sera la dernière fois, madame, prenez patience.

Je demandai d'aller chez moi pour prendre du linge. On me fit accompagner par deux mouchards. Je fermai mes malles, changeai de toilette et retournai en prison à la Conciergerie.

Mais quelques jours après je demandai à être conduite à St-Lazare.

Que dire de St-Lazare ? J'étais à la pistole, j'avais une grande cour plantée d'arbres devant ma fenêtre. La chapelle était au fond et je voyais les détenus dans la cour.

Mais je ne regardais guère; les religieuses me permettaient d'aller à leur petite chapelle qui se trouvait au même étage que ma cellule; on ne fermait pas ma porte, excepté le soir.

Je lisais, j'écrivais et je ne me croyais guère en prison. J'y suis restée trente-cinq jours.

Un jour, je reçus une lettre portant la suscription suivante : « A Mme Faure, née du Castel à l'âne » et dans la lettre ces quelques lignes :
« C'est moi qui ai contribué beaucoup à vous faire mettre en prison et mon seul désir est que vous y restiez longtemps. »

Le malheureux m'insultait encore dans ma prison. Quant à avoir souffert je ne pourrais l'affirmer. Car n'aimant pas à sortir je n'ai jamais tenu à ma liberté. Ma grande douleur à moi a toujours été d'être seule et sans famille, voilà ce qui m'a fait toujours souffrir.

Mais en prison ou ailleurs — que me faisait le nom de la maison ! — n'ai-je pas toujours été en prison.

En lisant cette singulière lettre je fus stupéfaite.

Je la remis sous enveloppe et l'expédiai à M. Querenet, qui voulait me faire mettre en liberté et lequel je priai au contraire de me faire juger. Je voulais savoir pourquoi on m'avait jetée en prison.

M⁰ Lachaud vint me voir ; il voulait me défendre.

Les deux fourbes eurent peur et ils manigancèrent de m'assouplir en me promettant de l'argent.

Mais je dus sortir avant.

L'Empereur ne me voyant plus à la messe, demanda ce que j'étais devenue.

Il fit appeler le maréchal Vaillant et quand ceui-ci lui dit que j'étais en prison il se leva d'un bond.

C'était un dimanche ; il donna l'ordre de me mettre immédiatement en liberté.

Quand l'ordre arriva à Saint-Lazare, tout le monde était aux vêpres.

Les bureaux étaient fermés ; je ne voulais pas

m'en aller, mais sur l'ordre de l'Empereur je partis.

Je retournai dans mon couvent de la rue du Cherche-Midi, autre prison. Je n'avais pu aller tout de suite à la rue du Pont-Neuf.

J'y retournai pourtant et c'est là que j'entrepris de me venger.

Je commençai par me faire rendre justice par tous les journaux qui m'avaient insultée.

Mais quelle lourde tâche j'avais entreprise ; j'y parvins cependant et toutes ces relations se trouvent dans mon livre « Morale et Critique ».

Je m'adressai au Conseil d'Etat afin de pouvoir poursuivre d'abord le commissaire de police Barlet.

Je n'eus qu'une voix contre moi et il fut destitué. M⁰ Lachaud voulut poursuivre civilement le principal auteur de cette infamie. J'allai à cet effet souvent voir mon avocat.

Mais un jour je trouvai ce personnage chez M⁰ Lachaud et il me fit pitié.

L'avocat me fit donner trois mille francs à titre de dommages-intérêts et je me désistai de ma plainte.

Voilà ce qui s'était passé avant la Guerre ; c'est ce fait dont je dis plus haut que j'avais voulu l'oublier.

J'étais malade, et les sœurs de Montreuil craignaient un commencement de phtisie pulmonaire ;

on m'envoya à Marseille, au Monastère du Cœur de Marie, au Cabot.

Tout le temps de la Guerre et de la Commune j'y suis restée bien malade et n'ayant aucune nouvelle du dehors jusqu'en 1872, vivant en dame — pensionnaire.

Ma convalescence terminée, je voulais publier un livre que j'avais écrit pendant mes loisirs des dernières années et je partis pour Bruxelles avec l'espoir de faire imprimer ma brochure, et de la vendre, bien entendu.

J'ai eu quelques amis à Bruxelles.

Le roi d'abord, auquel j'ai offert beaucoup de vers, le colonel Vanderhussen, M. Eugène Verbokhouven le peintre; mais en échange j'ai eu des ennemis terribles qui m'ont fait coffrer, comme on dit vulgairement, sais qu'on ait jamais su pourquoi, ni comment.

Sans M. Jules Barra et M. Paul Janson, avocats, à qui je m'adressai de la prison des Carmes, au lieu d'y rester trente-six heures, j'y serais peut-être restée des mois.

J'ai pourtant tenu ma parole, et ma fameuse brochure a paru chez Sacré Duquesne, Bruxelles, et Lacroix Verboeckhoven, rue Montmartre, Paris.

J'étais logée rue Montagne-de-la-Cour, chez un petit tailleur ; j'avais quitté l'hôtel où j'étais descendue, les frais étant trop grands pour ma bourse.

On m'avait présenté ma note et je ne pus la payer.

« On a souvent besoin d'un plus petit que soi », dit le proverbe.

La femme de chambre qui me servait, une jeune fille flamande dévouée, vit mon embarras, et, réflexion faite, elle rentra dans sa chambre, prit ses économies et me les apporta.

Elle me proposa de me chercher un appartement chez des particuliers, et c'est elle qui m'installa, qui m'évita la vilaine grimace du maître d'hôtel ; j'acceptai ses offres et la brave fille gagna cent francs en six mois, mais j'ai eu bien du mal à les lui faire accepter.

J'ai souvent rencontré des dévouements spontanés chez des serviteurs. Je suis pourtant peu parlante. Mais je suis en général pour les petits, très douce et très juste.

Je suis tout le contraire avec les grands.

Ma brochure ayant pour titre : « La Marseillaise de la Commune », fut saisie en France et en Belgique. Mais le peu que j'en vendis me dédommagea largement.

Un jour, j'étais à déjeuner quand on frappa à ma porte. C'était un jeune homme, assez convenable, qui venait tout bonnement m'arrêter. Il avait un mandat d'amener dans sa poche.

Mais en me voyant, soit timidité, soit impression, il n'osa pas me le dire.

C'est moi qui lui dis carrément :

— Vous venez m'arrêter, je le sais, je l'ai rêvé cette nuit.

— Oh, madame, que cette mission m'est pénible !

— Bah, lui dis-je, je finis de déjeuner, je prépare un sac de nuit et je vous suis.

Il emporta mon sac et nous voilà partis pour les Petits Carmes.

La seule peine que j'ai eue, c'est de me trouver au greffe en compagnie de quelques vauriens.

Mais, à part cela, le directeur était très bon; ce fut lui qui me conseilla d'écrire à M. Jules Barra et à M. Paul Janson — ce qui fit que trente-six heures plus tard je fus libre.

Versailles, 9 août 1870.

Si j'étais sûre du lendemain, je pourrais dire je suis chez moi ; ce parc qui se déroule à mon regard me reporte, hélas, vers des jours bien lointains et plus riants qu'aujourd'hui. Tout à l'heure, en me promenant dans une allée silencieuse, j'ai cru être un instant sous les mêmes arbres des Aygalades, à Marseille, au château où j'ai passé près de mon père des jours trop courts.

Que me reste-t-il de tout ce qui m'entourait ? Rien ! Plus de famille ! Plus de fortune !

Dieu seul, et mon âme en paix !

Le calme me ferait du bien et peut-être me faudra-t-il affronter de nouveaux périls; lutter encore et toujours.

Que je suis lasse de souffrir; de me plaindre et de supporter chaque jour de nouvelles humiliations.

Que je voudrais pouvoir m'endormir et dire : « Demain, je dormirai dans le même lit ! » Mais où irai-je porter mes pas, chassée de partout ?

Personne ne m'aime, moi. Les grands me détestent et le peuple me hait et s'il y avait une révolution, il me guillotinerait !

Les écrivains ne m'aiment pas parce que je veux rester moi-même !

Je regarde devant moi ces arbres, ces religieuses qui circulent sous mes fenêtres.

J'écoute ! Le silence se fait autour de moi.

Ce soir, je laisserai pénétrer le clair de la lune dans ma chambre.

Je ne suis plus dans cet affreux amas de pierres formant des maisons et se nommant Paris, que chacun aime et que je déteste, comme les enfants haïssent le diable.

Je pourrai comme autrefois laisser se poser les rayons de la lune sur mon front.

Sa douce clarté me rappellera ma mère qui aima tant se promener seule dans le parc la nuit ; quand j'étais enfant, je fouillais avec mes petits pieds le sable qu'elle avait foulé ; j'avais le frisson, j'aurais tant aimé ma mère, elle a souffert aussi, la pauvre femme ; mais du moins n'a-t-elle pas su ce qu'était la misère ! Béni soit le ciel !

Si mon père et mon oncle me voient supporter toutes les privations que je subis depuis quelque temps, comme ils doivent souffrir !

Comme ils doivent aussi remercier et bénir du haut du ciel les personnes, hélas, bien rares, qui veulent bien me donner quelques paroles de consolation.

Je ne m'étais pas trompée ! Il faut encore partir ; d'une ville on m'envoie toujours à une autre.

J'avais été à Versailles dans la journée mais je n'avais pas voulu lire les journaux, ne pouvant pas y lire le récit d'une victoire remportée par nos soldats.

Quarante mille morts, m'a-t-on dit.

Cette pensée m'a donné le frisson.

J'ai pensé aux malheureuses mères de ces pauvres soldats, morts sans qu'ils aient pu se dire : « Ma mort sert à quelque chose. »

Les Prussiens sont réellement habiles, de déjouer ainsi tous les plans de nos chefs militaires.

Je me suis rappelée quelques paroles que le maréchal de Castellane, mon oncle, disait un jour à l'Empereur Napoléon III au sujet de la guerre :

— Sire, si nous avions une guerre sérieuse ne vous mêlez jamais du commandement, si vous ne voulez pas que l'ennemi vienne vous réclamer ce que vous lui devez.

L'Empereur n'aimait pas mon oncle, mais il était payé de retour et si je n'ai pas voulu lire les journaux, c'est précisément parce que je souffre en voyant à la tête de l'armée cet homme « qui n'est pas plus général » comme disait mon oncle, « que ma pantoufle ».

Pauvre France ! Que le peuple français se soit laissé mener pendant vingt ans par le bout du nez par un homme pareil, c'est ce qui paraît incompréhensible !

Voilà les réflexions que je faisais cette nuit au milieu de ce parc de Montreuil, de ce couvent que je vais quitter pour aller dans un autre, où je ne trouverai probablement que des murs et de froides cellules.

Je n'aime pas le Midi, contrairement aux poètes qui chantent le beau ciel de Provence ; moi, j'aime le Nord.

Ce soleil du Midi toujours brûlant me fatigue ; ce sol blanc, ces petits arbres rabrougris me font mal à voir.

J'aime les forêts ou la vue de la mer.

Tout cela m'attristait cette nuit.

Je n'aurais pas voulu quitter Paris malgré l'état de siège déclaré.

J'aime la lutte ; je souffre de ne pas pouvoir me faire tuer sur le champ de bataille.

J'envie ces morts glorieux, ces héros.

Une femme de ma condition, restant veuve avec de la fortune, aurait pu se faire sœur de charité et suivre l'armée.

Mais sans fortune mon nom n'est rien, ma famille n'étant pas aimée.

Couvent du Saint Cœur de Marie, au Cabot
Banlieue de Marseille, 20 Août 1870

Je reprends mon récit ; j'ai quitté Versailles, c'est-à-dire l'ombrage, la paix — tout ; et malgré mon dédain pour le Midi, m'y voilà de nouveau.

Toujours le même ciel bleu où la tempête a tout cassé. Je n'ai pas voulu voir Marseille ; je suis entrée au couvent dès mon arrivée.

Je vois la mer de ma fenêtre ; mais, je ne sais si c'est parce que je n'entends pas le mouvement des vagues, je n'éprouve rien en la regardant.

Je crois et j'ai peur qu'à force de sentir, mon cœur devienne, comme celui des froides religieuses qui m'entourent, de glace.

Je laisse mes réflexions à leur sujet pour un peu plus tard ; j'ai à cet égard bien à dire.

La campagne est grande, je ne puis dire belle. Il y a beaucoup de pins; mais je m'y déplais souverainement, car j'y suis complètement seule, plus encore que dans le monde. Car je n'y ai aucune distraction, sinon celle d'entendre du matin au soir, marmotter « Te Deum, litanies, Ave Maria, etc., etc. »

Je n'ai rien dit du couvent de La Retraite ; cependant je ne puis continuer sans en dire quelques mots.

Pourquoi ne suis-je pas comme tout le monde ?

On me traite de folle ! Je voudrais bien savoir pourquoi ?

Si les bonnes religieuses m'avaient aperçue cette nuit à minuit, me promenant dans le parc, bien sûr qu'elles auraient crié : « Au revenant ! »

Au milieu du parc il y a une petite chapelle consacrée à la Vierge ; dans la journée j'y étais entrée. Cette nuit je n'ai pu résister au désir d'aller y prier toute seule !

La lune était superbe, il faisait du vent, les cimes des arbres se caressaient mollement. C'était gracieux de les voir pencher leurs branches flexibles ! On aurait dit des oiseaux se becquetant !

Le bruissement des feuilles me laissait en extase !

Les rayons de la lune à travers les arbres traçaient mille rais fantastiques. Avec le vent vous auriez cru voir des fantômes gracieux circuler dans les allées du parc. Le sable craquait sous mes pas et brillait au loin en divers endroits comme un tapis de perles.

Le bruit de l'eau me faisait l'effet d'une petite cloche lugubre, sonnant un glas funèbre.

J'avais froid, cependant j'errais toujours.

En voyant les fenêtres closes de la communauté j'avais les yeux presque mouillés de larmes ! J'enviai le sort de ces bonnes sœurs qui dormaient si paisiblement.

J'entendais toujours le murmure de l'eau, comme une plainte que le vent m'apportait.

Je n'ai point trouvé l'œuvre de ces dames bien utile.

Les dames de la Retraite sont tout bonnement quelques dames retirées du monde, réunies dans une magnifique campagne ou château, attirant à elles les dames les plus riches, et les plus dévotes bien entendu, à différentes époques de l'année, pour prier et soi-disant faire des retraites.

Il y a chez elles trois tables.

— Dix francs, sept francs, cinq francs.

La première table est servie avec de la vaisselle plate.

Chaque dame à son arrivée est mise sous la garde d'une religieuse qui vient deux fois par jour faire une lecture pieuse, prière, etc.

Le matin il faut aller à la messe, bien entendu, puis, déjeuner, promenade, au parc, avec cela belle chambre confortable.

J'avoue que cette existence ne me déplairait pas trop, seulement j'aimerais mieux que ces maisons portassent le nom de « pension » plutôt que celui de couvent et que les religieuses fussent tout bonnement des dames. Il est inutile de changer de costume, puisque les règles ne changent en rien les habitudes du monde.

Assez parlé de moi ; que ceux qui sourient en lisant ces lignes me pardonnent ; mais puisqu'en ce moment j'écris pour fixer mes impressions, je ne puis parler que de moi ; c'est à regret que je le fais, car il m'est arrivé, ce qui doit arriver à tout le monde, en lisant un ouvrage quelconque, de me récrier sur l'auteur qui ne parlait que de lui.

Quelques mots encore sur le couvent que j'habite depuis bientôt un mois.

En ce moment j'entends ces dames chanter leurs cantiques qui me donnent la fièvre.

Quoique enfermée dans ma chambre leurs voix pénètrent chez moi.

Je viens de lire deux chapitres du « Génie du Christianisme ». Il y a des moments où j'admire Châteaubriand, d'autres où je ne puis comprendre qu'un si grand esprit ait été si faible, partout, quand il parle de la Divinité du Christ. Je lisais le chapitre des lois morales ou du décalogue.

Selon lui les lois de Zoroastre, des Indiens, des Egyptiens, les lois de Minos, etc., selon lui, dis-je, toutes ces lois sont imparfaites, même fausses : il n'y a de bonnes que celles que le Père éternel a fait graver sur les tables du Sinaï par Moïse.

Mais ces lois nous viennent d'un copiste, et la tradition nous en a laissé de plus anciennes, les lois du Mont Sinaï ne seraient que le perfectionnement, puisque ce que Moïse nous a tracé nous le possédions par nos anciens maîtres.

Je me fais une idée plus sublime de Dieu, si lui-même nous a tracé des lois.

Chaque fois que les hommes en auraient tracé d'indignes de sa grandeur, il les aurait anéanties.

Mais l'Eternel ou Dieu nous laisse bien nous diriger à notre guise.

Il ne m'appartient pas de faire un cours d'histoire sainte, mais je m'incline devant les lois de Lycurgue, de Minos, etc.

Le Christ est un grand homme sans doute, mais il n'a pas été le seul à prêcher la morale, qu'il nous a prêchée avec plus de sentiment, d'abnégation, je l'admets.

Jésus était poète, mais je ne puis dans mon faible savoir, admettre sa divinité, tout en respectant, conseillant et suivant ses principes.

Mais cela ne m'empêche pas d'admirer ceux qui ont voulu faire comme lui : adoucir les mœurs, abolir les sacrifices. Il faut avouer que si Jésus a voulu abolir les sacrifices sanglants, il s'est grandement trompé, car, encore de nos jours, combien de gens dans les missions donnent leur vie à propos de rien. Ils versent leur sang, se croyant martyrs, tout bonnement parce qu'ils sont allés déranger des pauvres diables qui se trouvaient heureux d'adorer le soleil ou autre chose.

N'a-t-on pas autre matière à apprendre à ces primitifs que de prier un Dieu qu'ils ne verront jamais ?

Moi, j'ai toujours été un peu comme les sauvages, et souvent, quand j'étais enfant je demandais à Thérèse, ma gouvernante, qui marmottait tout le temps son chapelet : « Thérèse, fais-moi donc voir ton Bon Dieu; » ce qui faisait sourire mon oncle.

Et quelle différence y a-t-il entre les statues des saints qui garnissent nos églises et les idoles des sauvages ?

Aucune, chaque peuple façonne ses Dieux à son image !

Pourquoi alors ne pas leur apprendre à travailler la terre d'abord, notre première et seule nourrice ? A se vêtir ? La morale viendra toujours avec le travail.

Si on laisse travailler l'homme sauvage, sans lui parler de Dieu, il aura bien vite cherché son Dieu selon ses aspirations.

Faites un homme d'abord, vous verrez ensuite. Mais, catholique ou protestant, il faut d'abord apprendre à prier.

Eh bien, c'est un tort. La morale peut se passer de prières.

Je commence à compter les jours ; demain peut-être je compterai les heures.

Quelque chose de sombre s'empare de moi, je ne sors pas de ma chambre, j'éprouve un ennui mortel partout.

La vue de la mer me laisse insensible, je n'ai plus de sommeil. Oh, que je souffre !

Tout le monde m'aborde avec un visage souriant. Comme elles me fatiguent ces religieuses avec leur éternel sourire de glace ; elles me font quelquefois frémir ; il me semble que je les entends grincer des dents, ou plutôt c'est moi, toujours moi !

Oh, quelles sont longues les heures !

Les jours succèdent aux jours et rien ne paraît à l'horizon ! Je ne puis prier ; je ne crois plus. Je ne puis être religieuse, encore moins servante.

Le monde ne veut pas de moi ! Qui suis-je ? Oh, que je suis malheureuse ! J'ai beau chercher, le vide immense toujours m'environne.

Hier, j'ai eu la visite de Mgr Place. J'étais bien seule au parloir, mais j'entendais les pas des sœurs à côté.

Je n'ai pas pu causer comme je l'aurais voulu.

Je connaissais Mgr Place depuis de longues années et il m'a rendu de grands services depuis que je suis veuve.

Dans le monde, chaque fois que j'avais quelque douleur nouvelle, j'allais à lui ; c'est dire que j'y allais souvent.

M. Place, comme je l'appelais, avait été aumônier au couvent des Oiseaux, où j'ai passé quelque temps, et quand il fut nommé évêque à Marseille, c'était en 1866, je venais de perdre mon mari.

Il y avait trois ans que j'avais perdu mon oncle.

Je commençais à écrire et je ne sais plus quel fonctionnaire me suggéra l'idée d'offrir à Mgr Place une pièce de vers. Ce que je fis.

Je me trouvai donc avec les autorités, à la gare, à la descente du wagon.

J'avais mon rouleau de papier à la main et au moment où on lui disait : « Des vers pour Monseigneur », il me regarda et me reconnut. Le Préfet ou un autre me fit signe de m'incliner, croyant que Monseigneur allait me bénir. Il leur dit en me regardant :

— Laissez, monsieur, je la bénirai bien debout.

— Merci, répondis-je, et je disparus.

Je fus le voir à l'évêché, lui raconter mes peines. Il a toujours été mon ami et quand les sœurs lui disaient :

— Ah, quel malheur que madame ne soit pas avec le Bon Dieu !

— Ne la tracassez pas, ma bonne sœur, elle est avec le Bon Dieu sans y être et je suis persuadé qu'avec sa belle âme Dieu n'aura pas le courage de la damner.

Et on me laissait tranquille.

Ah, si les missionnaires qui traversent les mers en faisaient autant avec les sauvages, quelle belle besogne ils feraient !

Mais il faut que la croix passe avant le pain ;

qu'on change de méthode et vous verrez quels miracles on fera !

Pour ramener les hommes au bien, pas n'est besoin d'étendard.

Il n'est besoin que du bien-être et du travail ; l'un ne va pas sans l'autre.

Qu'on adore le soleil ou la lune, qu'est-ce que cela peut bien faire à la morale ?

Moi, j'ai toujours pensé que les hommes qui adoraient le soleil et la mer étaient moins bêtes que les autres, et je ne pense pas me tromper en disant que les plus fervents en adoration sont ceux qui adorent la nature.

Si Dieu avait réellement fait le monde il faudrait lui demander chaque jour de le changer.

Vivons donc avec notre morale universelle, aussi vieille que le monde, et occupons-nous de la faire régner dans l'avenir ; si toutefois le monde n'est pas alors englouti, nous aurions la douce satisfaction de ne point le sentir souffrir par les mêmes maux et d'avoir éloigné de nos descendants les soucis qui étreignent actuellement l'humanité.

Il y a toujours nécessairement dans chaque communauté une règle.

Changeant de sujet, je reviens à mon couvent, car j'ai fait de nouvelles études sur les mœurs et les habitudes de la maison. Je ne dois point les passer sous silence.

Mais il est dit aussi : « Il n'y a pas de règle sans exception ! »

C'est presque banal ce que je vais dire, du moins pour les religieuses.

Croyez-vous qu'à mon âge, avec mon expérience, pensionnaire payante, elles ont eu le toupet de ne me donner mes lettres que décachetées et de les lire avant moi !!!

Moi qui pendant six ans de mariage aurais cru commettre un péché mortel en décachetant une lettre adressée à mon mari !

Et voilà que des religieuses, que je ne connais pas, veulent tout savoir de ma vie, de mes affaires, sans respect pour la douleur d'une veuve ; il faut qu'elles soient témoins de mes larmes, peut-être pour en rire ensuite !

Car vous ne feriez pas pleurer une religieuse avec cent coups de canon, ces canons fussent-ils prussiens ; ces femmes-là ne pleurent plus que sur les plaies du Christ. Je vous demande un peu si Jésus a besoin de tant de larmes et si, depuis que le monde existe il n'y a eu que lui qui soit mort d'un supplice non mérité ?

Si nous n'avons que lui qui nous ait tracé des lois morales, il n'y a pas que Marie qui ait pleuré sur son fils !

Il y a des millions de femmes qui ont souffert tout autant et peut-être plus, et dont les douleurs sont ignorées.

C'est lui faire injure que de le chanter comme Dieu, car c'est lui dire : « Tu es un imposteur. »

Dieu n'a pas besoin d'immoler son fils pour sauver les hommes.

S'il avait fallu un sacrifice du fils au père pour apaiser son courroux, Dieu ne serait plus le souverain Maître du Monde !

Mais à quoi bon prêcher dans le désert.

Ces bonnes femmes doivent rester dans leurs croyances.

Il faut du temps et de nouveaux maîtres pour apprendre à nos fils qu'il faut une religion, une morale sévère.

Mais il faut aussi qu'on dise à nos enfants que le Dieu des israélites, des catholiques romains et grecs, des protestants calvinistes et luthériens, etc., etc., est le même.

Il ne faut pas embrouiller leur esprit avec des symboles de Sainte Trinité, de l'Immaculée Conception !

D'où vient que nos soldats sont si malheureux (en 1870). C'est qu'on leur a appris trop de fadaises ; on ne peut pas être dévot et guerrier. Ceci — selon mes faibles lumières — est impossible.

Tout homme qui doute de Dieu est un être nul !

Mais si croire à Dieu est un devoir, ainsi que l'aimer, le servir en ne s'égarant jamais du sentier de l'honneur, il y a bien loin de cette croyance avec celle en : « Jésus, Marie ayez pitié de nous. »

Je reviens à mes bonnes sœurs qui décachètent mes lettres.

Figurez-vous qu'elles ont si peu de sentiment qu'elles ne comprennent pas seulement la portée de leur action.

Elles sont si petites, si mesquines dans leurs idées, que je reste comme paralysée en voyant leur conduite.

J'ai presque envie de dire comme disait le Christ :

— Pardonnez-leur, Seigneur, car elles ne savent pas ce qu'elles font !

Si je ne souffrais pas tant, cela ne serait rien, mais je suis toujours malade chaque fois que pareille chose m'arrive.

J'ai reçu il y a quelques jours trois caisses. Voyant qu'on ne me les montait pas dans ma chambre j'ai voulu en connaître le motif.

Vous ne le devinez pas ? Je vais vous le dire.

Madame la supéreure entre dans ma chambre dimanche dernier.

C'est une Allemande, donc têtue.

Très petite, assez jolie ; mais elle ne veut pas qu'on le lui dise.

Quand il m'arrive de dire à l'une des religieuses :

— Vous avez une jolie main, ma sœur, de beaux yeux.

Elles se mettent en colère, puis elles vous répondent :

— Pour aller dans la terre c'est bien inutile.

Quant à ma supérieure, elle me dit avec un grand sang-froid :

— Madame, je ne puis vous donner vos malles qu'à la condition que tout sera visité devant moi avant de les monter.

— Pourquoi cela ?

— C'est pour voir si vous n'avez pas de mauvais livres.

Je n'ai pas ri sur le moment. Cette femme que je croyais instruite m'a fait pitié ; il m'a fallu prêcher pendant trois jours pour lui faire entendre que je devais, que je voulais faire exception à la règle pour de semblables détails.

Que je voulais garder pour moi mes impressions en me retrouvant au milieu des débris de mon ménage ; que je ne voulais pas que des objets ayant appartenu à mon mari fussent touchés par d'autres que moi.

J'ai gagné mon procès. Mais quelle plaidoirie ! Cela me sert d'étude, mais, pour Dieu, que cela ne m'arrive plus, car ma patience est à bout.

La femme, religieuse ou non, n'est réellement bonne qui si elle est bien intelligente ou bête.

« Teste ou testuni », disent les Italiens. Ainsi de nous. Heureusement que j'ai Mgr Place pour moi et que les religieuses s'inclinent devant les décrets de Sa Grandeur ; sans cela nous serions en guerre perpétuelle.

En ce moment je laisse les écrivains se débattre. La guerre ensanglante la France ; que ferais-je dans le monde dans un pareil moment ? Le cloître vaut mieux que le monde.

Si j'avais pu aller sur le champ de bataille soigner les blessés je serais partie, mais je suis malade, pour ne pas dire poitrinaire. Je ne suis donc plus bonne à rien qu'à écrire. Je vais écrire deux ouvrages de morale pour consoler un peu ceux qui, comme moi, auront bu à la coupe de fiel.

Il y a quelquefois de nobles dévouements dans les couvents. Je citerai ma sœur Marie St-Jean-Baptiste. Je la vois quatre fois par jour.

Le matin à sept heures, m'apportant ma tasse de lait ; je lui serre la main de mon lit. Elle me demande, avec un sourire d'ange, si j'ai bien dormi, puis elle va prier.

Je suis à côté de la chapelle ; je puis, de mon lit, assister à toutes les bénédictions. Elle vient ensuite à midi. Le couvert est mis par une bonne et brave fille qui n'est ni sœur, ni dame, et qui se dévoue depuis l'âge de vingt ans dans le couvent pour ne pas perdre son âme.

Dans le monde il y a des personnes comme moi, qui viennent passer quelque temps dans le calme et le recueillement ; elle m'avoue cependant ne jamais en avoir vu de semblable à moi.

Chose étonnante, cette fille simple a le jugement très juste. Je l'écoute quelquefois. Elle ne sait pas lire mais elle sait prier. La prière chez des natures pareilles tient lieu de science.

La bonne sœur Marie St-Jean-Baptiste reste tout le temps que je prends mon repas; « tout bonnement, dit-elle, parce que j'oublie de manger pour écrire ou pour lire ».

Nous causons de choses insignifiantes.

Si je mange ce qu'elle apporte, elle paraît si heureuse que parfois je me force à prendre ce dont je n'ai aucune envie.

Si je pleure, elle pleure ; si je ris, elle fait de même.

En rentrant dans ma chambre elle voit que mon regard est triste ; elle devient sombre.

Elle jette alors un regard sur mon bureau, sur mes livres.

Quand elle me voit les yeux gonflés, elle ferme les fenêtres et tire les rideaux.

Quand elle a levé le couvert elle me force à me mettre sur mon canapé, croyant que je vais dormir.

Je fais semblant de lui obéir, elle est si heureuse quand je lui dis :

— J'ai dormi deux heures, ma sœur.

Le soir, elle revient à sept heures pour me faire dîner.

Ensuite avant d'aller se coucher elle m'apporte du lait ; je lui serre de nouveau la main en lui disant de faire une prière pour que je dorme bien.

Je passerai sous silence le caractère de la plupart des sœurs parce qu'elles se ressemblent presque toutes.

Même fanatisme, avec la différence que celles qui ne sont pas bonnes sont pires que la peste.

En général, c'est quand elles sont vieilles qu'elles deviennent méchantes, acariâtres comme des petites maîtresses.

Elles sont mordantes, méfiantes et les méchantes paroles d'une religieuse sont bien plus amères et nous font davantage souffrir que les mots jetés en l'air dans le monde.

Il n'y a rien de si méfiant que les prêtres et les religieuses. Ils n'ont confiance en personne.

Ce qui est révoltant en eux c'est leur espionnage; c'est indigne. On se demande d'où vient leur grande foi, leur crédulité à tous les saints et saintes du paradis, aux mystères impossibles ; et puis, si vous leur causez de n'importe quoi, des choses les plus vraies, les plus palpables, elles ne vous croient pas.

Les religieux parlent du monde comme de la peste.

Tout est faux, impur, profane, crime, bassesses, etc., etc.

J'ai remarqué souvent, pour ne pas dire toujours, que le religieux voit des embûches partout.

Il est si peu sûr de soi qu'il voit des voleurs, des assassins à chaque pas.

Il parle du monde avec une répugnance révoltante.

Le mot de passion est employé à propos de rien.

L'amour, pour ces gens-là, est une passion infâme.

Pourtant les plaisirs sont permis, quoi qu'ils en disent, car s'il n'y avait pas dans la vie quelques doux instants, chaque jour il y aurait le double de suicides. C'est effrayant de les entendre débiter des lamentations sur la débauche, les plaisirs de la chair, etc.

Je n'avais jamais pensé à ces plaisirs-là. Je vous jure que depuis que je suis enfermée dans le cloître, il me passe dans la tête toutes sortes d'idées que je n'avais jamais eues.

Tous les jours j'entends chanter les commandements de Dieu et cela m'énerve d'entendre toujours : « L'œuvre de chair me désireras, qu'en mariage seulement. »

« Luxurieux point ne sera, de corps ni de consentement ».

Dans ces deux commandements il y a quelque

chose qui, selon moi, répugne ; étant enfant même, je ne répétais ces paroles qu'avec dégoût. Je ne pouvais, à l'époque, discerner les détails de ces mots, mais ils m'ont toujours sonné mal à l'oreille.

Les Pères de l'Eglise auraient bien pu formuler en termes moins répugnants ces prescriptions, mais il eût fallu pour cela qu'ils fussent poètes ou musiciens. Je n'ai vu que bien peu de compositeurs de musique : je citerai M. Ambroise Thomas, à qui j'ai eu l'honneur de parler et, décidément, d'après mon jugement, je croirais qu'un compositeur de musique ne peut pas être un être matériel, tandis que pour tout autre art les vilaines qualités peuvent abonder chez l'artiste.

La musique a quelque chose de sublime qui ravit l'âme.

L'homme en composant son chef-d'œuvre est l'égal de Dieu. Lorsque je vis M. Ambroise Thomas, en 1869, au mois de décembre, j'ignorais son âge, mais je crois que les hommes semblables à lui doivent vivre très longtemps.

Il me semblait, en l'écoutant, entendre une mélodie. Même dans la conversation, ces gens-là sont musiciens.

Il y a en lui quelque chose de prophétique, de si vénérable, qu'on est saisi de respect en l'approchant.

Je dis donc que les Pères de l'Eglise ne devaient pas avoir l'oreille sensible en nous donnant les Commandements.

David n'a certainement pas chanté ces deux commandements sur sa harpe. Eh bien, les sœurs et les élèves les chantent absolument comme si elles disaient : « Un seul Dieu tu adoreras et aimeras parfaitement. »

Il y a cependant une différence énorme, mais, incapables de discernement, elles disent tout aussi bien : « O Marie conçue sans péché. »

Mes lecteurs se demanderont pourquoi, moi, si peu croyante, je restais dans le couvent ?

Je répondrai simplement que, n'ayant pas de famille, j'y trouvais les soins, la propreté, la fidélité et que je n'ai eu qu'un seul regret, celui de ne pas y loger toujours.

Je n'y avais jamais de dettes, car l'argent que je dépense dans une hôtellerie en un mois me fait vivre presque trois au couvent, servie à peu près de la même manière.

De plus il m'a pris fantaisie de devenir savante !

J'eus besoin pour cela de grands sacrifices.

Mais que ne fait-on pas avec la volonté et l'intelligence.

Ici je peux travailler, étudier tout à mon aise.

La nuit est calme et silencieuse.

Après neuf heures du soir tout rentre dans l'ombre.

Tandis qu'à Paris, dans les quartiers centraux, jusqu'à trois heures du matin le bruit des voitures m'étourdit.

Dans les couvents il y a des jardins, des parcs quelquefois.

J'y suis à l'aise, je peux rêver dans le bois comme si j'étais chez moi. Il faut être bien riche pour habiter une campagne, entourée de bois.

Voilà pourquoi j'ai choisi le couvent.

Je vais dire quelques mots sur ce que je fais ici, afin que l'on voie si le temps peut me durer avec de semblables occupations.

Quoique malade, je trouve néanmoins le temps de travailler huit heures par jour et pour une femme qui comme moi, n'a jamais rien fait, à tort bien entendu, je trouve que c'est beaucoup.

Je me lève tantôt à une heure, tantôt à une autre heure ; pour cela je crois que je ne serai jamais réglée.

Je regarde une minute la mer que je vois de ma fenêtre. Je bois une tasse de lait que la bonne sœur m'a apportée.

Une fois habillée, je lis pendant une heure ; ensuite j'écris jusqu'à l'heure du déjeuner, qui a lieu à midi.

Après mon déjeuner je prends un travail d'aiguille ou de tricot ; je m'occupe de mon linge.

A deux heures je prends mon livre jusqu'à trois heures, ou Chateaubriand, ou Molière, Racine, Boileau, etc. Je lis jusqu'à trois heures.

J'écris ensuite jusqu'à cinq heures, et plus si je suis inspirée.

Sinon, je vais me promener dans la campagne jusqu'au dîner avec mon tricot à la main.

Le soir, je lis jusqu'à ce que je m'endorme. Je ne m'occupe pas de la maison, je suis toujours avec mes livres. Je reçois très peu de visites.

Je vois les visiteurs derrière la grille en présence d'une religieuse.

Tous les jours je fais la même chose ; je m'ennuie bien quelquefois, mais rarement.

Quand j'entends sonner les cloches cela me donne la fièvre.

Le son des cloches m'a toujours impressionnée, attristée — sans savoir pourquoi, je suspends mon travail et je rêve.

De même que la musique m'empêchait de manger. Au retour d'un bel opéra, (je n'avais pas écouté les paroles, les connaissant du reste, car pour bien comprendre un opéra il faut connaître à fond le libretto, pour sentir toutes les phrases, toutes les notes de la musique,) il m'était impossible de prendre quoi que ce soit.

Eh bien, les cloches entendues de loin, ont quelque chose de mélancolique, qui vous invite à prier malgré vous.

Le chant d'église a quelque chose de céleste. dans les couvents surtout, il y a des voix si pures que quelquefois je me crois au ciel en les écoutant de mon lit.

Quelquefois on saisit bien quelques fausses

notes, mais elles sont faites avec tant de grâce qu'une oreille délicate les comprend, mais n'en souffre pas.

J'entends psalmodier et prier de ma chambre.

Je vais bien quelquefois à la chapelle, mais je m'y arrête peu, dix minutes pour moi c'est énorme. Je ne vais même pas aux vêpres, les religieuses sont indulgentes. Elles font tout bonnement comme si j'étais pieuse. C'est la seule chose dont je leur sois infiniment reconnaissante. Quant aux élèves je ne les vois jamais. Je les entends aux récréations chanter.

Mais, même étant enfant, je ne me suis jamais mêlée à aucun jeu. Encore moins aujourd'hui.

Voilà ma vie au couvent.

Il faut que j'étudie, que je m'instruise, pour cela il me faut le silence.

Je commence à voir que je ne sais rien ; que penser, sentir, avoir de l'imagination est très beau, mais pour faire un ouvrage sérieux qu'est-ce que trois mois de temps, à peine s'il y a le temps de l'ébaucher.

Autrefois les écrivains passaient dix ans à faire un chef-d'œuvre. Aussi ils étaient parfaits.

Il n'en est plus ainsi et il faut des chefs-d'œuvre quand même.

Cela fait que la nuit je ne dors plus ; je me trouve si imparfaite, que je rougis d'avoir annoncé tant de choses ; non pas que je craigne d'abuser de mes futurs lecteurs, non, mais je crains d'être malade et de ne pouvoir rien faire du tout.

L'étude me fatigue. J'ai des remords des années passées dans l'oisiveté, près de mon père et de mon oncle.

Je devrais être savante avec l'argent dépensé pour mon éducation, tandis que je ne sais rien.

Je termine mes réflexions sur ce couvent, par une anecdote.

Il y a quatre jours, dimanche dernier, (nous sommes en temps de guerre ; guerre sanglante et cruelle pour la France), une religieuse entre dans ma chambre et me dit :

— Madame, nous allons prier pour la guerre, l'on vient de nous dire que l'Empereur est prisonnier, voulez-vous venir prier ?

— Prisonnier ! ai-je répliqué, il faudrait, ma mère, que lui et tous les siens et tous les lieutenants qui commandent l'armée soient traduits devant la justice de leur pays.

Vous devez penser que la bonne mère St-Dominique, car c'était elle, n'a pas demandé son compte pour fermer la porte et partir.

C'est du reste ce que je voulais. J'aime à prier, mais seule, et les catholiques ont la prétention que Dieu n'écoute que leurs prières, je vous demande si cela a l'ombre du sens commun.

7*

Si la guerre est fatale à la France ce n'est pas parce que l'on n'a pas assez prié.

Je dis plus loin mon opinion à ce sujet.

D'ailleurs les Allemands peuvent avoir la même prétention que les Français, que Dieu veille sur eux plutôt que sur nous.

Je trouve la pensée peu humaine de dire :

— Ecrasez l'étranger; que les nôtres soient victorieux.

S'il faut laisser la victoire à la Prusse tant pis pour nous. Nos frères sont morts. Mais la France menée par un gouvernement orgueilleux, depuis quelques années laissait dégénérer ses fils avec une rapidité effrayante.

Pourquoi cela ? Tout simplement parce que, chaque siècle, il y a cinquante ans de prospérité et cinquante ans de décadence.

Il ne pouvait pas en être autrement ; ce que les autres puissances n'avaient pas fait, elles le font maintenant. Nos fils seront vainqueurs. Mais, quoi que l'on fasse nous nous serons battus jusqu'à la fin. Les batailles passées ne seront plus rien pour nous parce que les chefs sont tombés eux aussi avec gloire.

Catholiques ou schismatiques qu'est-ce que tout cela sur un champ de bataille.

Adresse, ruse, bravoure, force, voilà ce qu'il faut pour vaincre. Mais il ne suffit pas de dire aux soldats : « Français, je compte ou nous comp tons sur votre bravoure. » Il faut diriger les soldats. La troupe doit être identifiée avec l'âme du chef. Pour cela il faut que le chef soit habile maître ; pour enthousiasmer une armée il faut être guerrier. Si vous êtes diplomate, vaniteux, allez donc remporter la victoire.

Si vous avez régné par l'audace et non par la justice, si vous avez acheté vos ministres, vous ne gagnerez jamais, car tout homme qui se vend est un lâche. Vous n'électriserez jamais l'armée par des tirades cherchées dans les harangues des guerriers, si vous n'êtes pas guerrier vous-même.

Voilà pourquoi les prières ne font rien.

Une dame, très fanatisée, me disait en présence de la supérieure quelques jours avant le 15 août :

— Peut-être que la Vierge fera que nous gagnerons. Je compte beaucoup sur sa fête.

Elle disait cela avec une confiance qui m'a étonnée, car je la savais intelligente. Mais, la voyant plongée dans des erreurs semblables je me suis abstenue de répondre.

Elle prie, du reste, du matin au soir et n'a qu'une seule ambition, c'est de passer toute la journée au pied des autels devant le Christ, pour lui demander pardon et pitié pour les coupables.

Voilà des choses que je ne comprendrai jamais.

J'ai lu un chapitre du *Génie du Christianisme* relativement à la prière ; j'ai été bien surprise de voir un homme tel que Chateaubriand écrire de pareils blasphèmes. Si j'étais aussi savante que lui il me semble que je serais assez forte pour vivre et mourir dans les mêmes conditions.

Pourquoi ne pas s'écrier : « Dieu tout puissant, maître du monde, comment ne pas te reconnaître dans les merveilles de la création ! Je te prie pour tous mes semblables ; que le monde entier t'adore et te bénisse.

« Je te prie pour les orphelins, pour la veuve opprimée, pour le voyageur égaré.

« Je te prie, Seigneur, pour les pauvres sans pain, pour l'humanité souffrante. »

Oh, Chateaubriand, pourquoi, dans votre prière, n'avez-vous pas embrassé la généralité des hommes ? Pourquoi, homme de génie, n'avez-vous pas invoqué le Dieu créateur et maître de l'Univers ? Pourquoi votre cœur n'a-t-il pas été assez grand pour que le monde entier y trouve place ? Pourquoi dans ce moment sublime ne pas avoir franchi l'espace et ramené par votre prière l'homme de toute race à prier avec vous ?

Pourquoi faire injure à Dieu en croyant qu'il a des préférences ? Pourquoi insulter Jésus en le proclamant Dieu ou fils de Dieu, tandis qu'il n'a été qu'un profond législateur et philosophe ?

Pourquoi mettre la divinité de pair avec la race humaine créée par elle ?

Est-ce que jamais le fils a été le père ?

C'est douter de lui que de lui attribuer toute sorte de divinité.

Il n'y a qu'un seul Dieu, qu'il soit adoré et béni! préchez-le en tout lieu ; abolissez l'esclavage, les idoles ! mais n'en créez pas d'autres.

Ne vous occupez pas des trois personnes. N'avons-nous pas assez de devoirs à remplir envers nos semblables, sans nous occuper de choses impossibles et absurdes.

Apprenez la morale aux peuples, la justice et la vertu. Instruisez les hommes ignorants et si Dieu vous a touché au front n'en abusez pas pour égarer l'homme dans des sophismes.

Soyez de toutes les religions, qu'il n'y en ait qu'une de bonne « Le Bien »; qu'une de mauvaise. « Le Mal ».

Si vous donnez aux femmes un modèle, présentez Marie, fidèle épouse et bonne mère, quoique la femme ne fasse que son devoir d'être fidèle.

Mais ne parlez pas de la Vierge immaculée.

Cela sent le charlatanisme dans un siècle de lumières où les hommes cherchent à pénétrer le plus avant dans le mécanisme des mondes et de la nature et à éclaircir les ténèbres les plus profonds.

Pour les siècles futurs il faut un Dieu et des hommes justes.

Pour cela il faut de la morale et de la vertu. Prosternons-nous donc et ne disons pas comme

Chateaubriand : « Dieu des Chrétiens. » Mais disons : « Dieu, maître du monde, tes enfants s'égarent, aie pitié de nous. »

Il est difficile de comprendre qu'un homme comme Chateaubriand ait pu changer de religion, craignant d'aller en enfer. Avoir tant de génie et être si faible! C'est ce que je ne puis pas concevoir. Allant en Amérique, il se trouvait sur un vaisseau de l'Etat ; c'est lui qui le dit du reste dans son *Génie du Christianisme*, la cloche du soir appelait l'équipage sur le pont pour la prière.

Chateaubriand s'empresse de rejoindre l'équipage comme tout homme tant soit peu vertueux doit le faire. Qui ne prie pas sur la mer ? Le plus incrédule devient fervent. J'ai moi-même été témoin de ces scènes émouvantes.

La prière sur un vaisseau a quelque chose de sublime, de divin.

Je ne veux pas retracer sa prière parce que je la blâme. J'ai dit la mienne plus haut. Quand on a l'immensité devant soi, cette splendide voûte azurée au-dessus de la tête, quand le navire fend les flots ; que le ciel et l'eau nous environnent, que l'espace est devant nous, quand tout nous révèle un souverain maître, un être puissant et infini, quand l'âme est sortie d'une extase sublime, quel est homme instruit et intelligent qui peut s'écrier : « Dieu des Chrétiens »?

Cette parole est un affreux blasphème. « Dieu

chrétien, toi seul véritable, je te proclame ma divinité ».

Oh, Chateaubriand, à quoi pensais-tu ; tes lèvres n'ont donc pas tremblé en murmurant cette prière ?

Les juifs, les protestants ne sont donc pas tes frères ?

Homme de génie dont le cerveau n'était point assez vaste pour concevoir un Dieu qui ne fût point mêlé à la créature, viendras-tu nous divulguer ton erreur ? Je n'ai pas ton génie ni ta science, mais j'ai dans l'âme quelque chose de si grand que ma prière embrasse le monde entier.

*
* *

Lyon, le 9 juillet 1871

Ici, comme partout, mes souvenirs sont tristes et parfois navrants. J'y suis seule, je vois des ruines partout. Il me semble que la ville est morte avec mon oncle. J'ai visité la maison du général, que j'appelais quand j'étais enfant, le palais de mon oncle.

Le même fauteuil vert était dans l'antichambre, à la même place. Il m'a semblé encore y voir mon oncle assis signant son rapport. Je n'étais point seule et je n'ai pu me livrer à mes réflexions. J'étais émue jusqu'aux larmes en posant mes pieds sur les mêmes tapis. Je frissonnais ; il me semblait que le parquet allait s'ouvrir à chaque pas et m'engloutir. « Pourquoi ne suis-je pas morte, me disais-je, puisqu'il ne devait plus rien me rester ? » Dans l'antichambre de service il y avait un sous-lieutenant qui dormait. Il a eu peur et s'est levé tout debout.

— Dormez, monsieur, lui ai-je dit, le sommeil est le seul moment de bonheur que nous ayons dans cette vie. Je vous demande pardon de vous avoir dérangé.

Il n'a pas su me répondre. Je ne sais son impression, mais son regard était bien triste. Peut-être lui aussi, avait-il des regrets. Hélas ! qui n'en a pas en ce monde ?

La chambre où mon oncle est mort est habitée par un jeune capitaine. Il était en train de s'habiller.

— Puisque vous êtes chez vous, m'a-t-on dit, nous allons entrer.

Voyant une dame pénétrer à huit heures du matin dans sa chambre, il s'est troublé ; seulement, il m'a paru fat et vaniteux. On lui a soufflé qui j'étais. Il a voulu sourire. J'aurais voulu être seule et tomber à genoux, près de ce lit, pour invoquer encore la protection de celui qui m'aimait plus que ses propres enfants.

— D'où vient, lui demandait-on, que vous préférez votre nièce à votre famille ?

— Ah ! répondait-il, ma nièce est plus que ma fille. Elle a été orpheline avant de venir au monde, elle n'a jamais vu un sourire à son berceau. Pauvre petite ! disait-il en me regardant.

Il pleurait souvent quand il pensait que l'on avait craché sur moi en me disant : « Bâtarde. » Quand il restait trois jours sans me venir visiter, au Sacré-Cœur, rue de Chartres, il devenait sombre. Je le serrais si fort dans mes petits bras qu'il me dévorait de caresses.

Je revoyais la flamme des cierges se consumer autour de ce brillant catafalque, cette chambre transformée en chapelle ardente et je me voyais aussi cachée sous mon long voile de crêpe, à genoux et je me suis encore répété cette phrase lugubre : « Hélas ! je n'ai plus rien. »

Je ne sais ce qui s'est passé en moi à ce moment. Je me suis sentie défaillir ; j'ouvrais de grands yeux. J'aurais voulu percer la voûte de mon regard et voir apparaître mon oncle. Oh ! si tu vois mes douleurs, combien tu dois souffrir ! Il a fallu sortir ; j'étouffais. J'ai voulu être seule pour garder ma sainte et douloureuse émotion.

Le papier seul est et sera mon confident. Qui me comprendrait du reste ? Pour le moment, je n'ai que des amis vulgaires. J'ai rencontré souvent des amis selon mon goût ; mais la mort s'acharne autour de moi sans pitié. Me sera-t-il donné encore d'épancher mon cœur dans celui d'un ami ; de pleurer avec lui ? Oh ! que l'on est fort quand on aime. Mais quel découragement aussi, quand il faut se répéter tristement : ce n'est pas lui que j'attendais. Le fardeau de la vie est bien lourd quand il faut le porter seul.

Aussi, avec quelle indifférence envisage-t-on l'avenir. Le pauvre et le riche semblent attendre la foudre ; comme si le tonnerre avait toujours grondé. Le doute s'est emparé de l'humanité entière. On croit à tout et on ne croit à rien. Il semble impossible que de nos jours on puisse croire à l'infaillibilité du Pape. C'est cependant ce qui occupe la plupart des grands ; ils doutent de Dieu, mais il leur faut un Pape quand même. Notre gouvernement actuel a commis une nouvelle faute, que j'appellerai un crime. La France n'a pas été représentée à la rentrée de Victor-Emmanuel à Rome. Une pareille inconvenance ne convenait réellement qu'à la France actuelle. Il est vrai que comme fanatisme nous sommes au premier rang. Les catholiques, selon moi, sont et seront toujours d'affreux païens ou des idolâtres insensés ; il leur faut des mômeries quand même, pape, cardinaux, etc., etc. Thiers est trop marseillais pour ne pas protéger le Pape, mais qu'il n'espère pas le rétablir tel qu'il était autrefois. Les Italiens veulent un roi temporel ; mais ils ont le bon sens de comprendre qu'un roi spirituel est quelque chose comme une ombre malsaine. Et, si le Pape veut continuer à s'affubler du titre de roi, je ne vois pas pourquoi les Italiens, plutôt qu'une autre puissance, subiraient le joug de ce despote qui devrait marcher pieds nus et qui avait sous ses ordres des armées qu'il menait en esclaves, des palais à éblouir tous les rois de l'Europe, même les anciens. Thiers a dû réciter le chapelet étant enfant ; peut-être le dit-il encore aujourd'hui pour agir ainsi qu'il le fait. Je ne serais pas surprise qu'il portât le scapulaire et qu'il allât à confesse, tout comme quand il a fait sa première communion. Les Marseillais sont et seront toujours stupides et idolâtres. Pour tout ce qui regarde la religion il n'y a pas de progrès possible, quand un peuple est plongé dans de pareilles erreurs. On aura beau me dire que le Pape est chez lui ; je répondrai que le représentant de Jésus-Christ ne doit pas être chez lui et qu'il faut qu'il vive de ce que les gens charitables lui donnent. Il est vrai que les partisans de Pie IX sont d'une générosité impossible. Ils trouvent des millions aussi facilement que la Banque de France pour payer les Prussiens. Verrai-je le temps où le Pape vivra comme un brave homme ? J'en doute fort ! Notre siècle, dit-on, n'a enfanté que des valeurs, principalement dans le clergé. Jamais il n'a été si riche. La Société de Vincent-de-Paul est riche à vingt-deux millions et ainsi de suite. Tout cela, en parlant de charité. Qu'on leur donne le nom d'accapareurs et que tout soit dit.

Qu'une malheureuse femme aille frapper à la porte de ces maisons religieuses, où le luxe est insolent comme dans les églises ; elle sera repoussée avec deux sous. Il n'y a que les maisons de refuge qui leur soient ouvertes. Et, dans ces maisons dirigées encore par des femmes qui portent le nom de sœurs, ces malheureuses sont dirigées en esclaves ; elles travaillent comme les mercenaires. Les prisonnières sont plus heureuses ; si leur travail est exploité, le peu qu'elles gagnent reste du moins en leur possession.

Elles peuvent se passer, parfois, des friandises que la règle tolère et qui sont interdites dans les maisons religieuses, du moins par les catholiques, afin que le produit même du vice reste entre leurs mains. Nous parlons avec connaissance de cause. Nous l'avons vu dans les maisons de refuge. Les femmes sont nourries comme les forçats. Tout cela pour la gloire de Dieu et pour racheter soi-disant des fautes dont la société seule est responsable. Dans la réforme des prisons de femmes, nous traitons à fond ce sujet. Ici nous écrivons pour nous; nous effleurons tout sans nous arrêter. Il ne nous est pas donné de tout approfondir, dans nos lettres qui ne seront lues et imprimées qu'après notre mort.

Je disais que M. Thiers était trop marseillais pour ne pas trembler devant le Pape, du moins, devant l'anathème de Sa Sainteté.

C'est une spéculation comme une autre, que de maudire. Moi qui ai vu ce même Pape en présence de Mgr de Mazenod, je ne me suis pas même inclinée devant cette masse de chair, qui prétend qu'on lui baise la pantoufle. A cette époque, comme aujourd'hui, il y avait des évêques qui avaient la manie de me ramener à leurs croyances. Je ne mêle pas Dieu avec tout ce monde-là. La bénédiction du Pape, comme vieillard, aurait fait courber ma tête, mais la prétention de cet homme m'a laissée froide et peinée de tant de bêtise. Je m'incline devant la loi et ses représentants. Mais, les représentants de Dieu sont plus grands et plus simples : la nature est son autel. Je me prosterne à chaque nouveau prodige ; je comprends et je sens que tout le monde ne peut avoir mes sentiments, qu'il faut une religion pour le peuple et les ignorants ; mais je voudrais la religion possible et à la portée de tous. Un seul Dieu et une seule loi. Mais l'infaillibilité du Pape, l'Immaculée Conception m'ont toujours fait rire ; je trouve tout cela absurde. Si j'avais la douleur de voir les Français faire la guerre aux Italiens pour le pouvoir temporel du Pape, je ne désirerais qu'une chose, c'est qu'ils soient tous exterminés, ainsi que le Pape, les prêtres avec leurs partisans, bien entendu. Que l'homme prie, que l'humanité entière s'incline devant le Créateur ; mais qu'on ne force plus à courber la tête devant des images. J'ai lu, avant-hier, dans le *Salut Public*, que Vermorel, citoyen de la Commune, s'était confessé ; ce qui ne prouve pas du tout en sa faveur. Si vous avez des fautes, des crimes sur la conscience, demandez-en pardon à Dieu, mais pour cela il n'est pas besoin d'un homme noir, qui n'est bon qu'à épouvanter par des chimères impossibles. J'ai été condamnée par tous les médecins. J'avais un dépôt dans la tête et je ne devais vivre que six heures, si le dépôt ne perçait pas par l'oreille. Les personnes qui se trouvaient près de moi ont voulu comme tout le monde en pareil cas, faire venir un prêtre que j'ai reçu avec politesse parce que je suis bien élevée, mais à qui j'ai fait comprendre, quoique bien mal, que je ne redoutais ni la mort, ni l'enfer et tout ce qui s'en suit ; que je me proposais de me moquer de lui dans le paradis, si toutefois le Père Eternel voulait bien m'y réserver une place ; mais que j'étais persuadée que les gens de son espèce n'iraient pas en ce lieu. Il n'a pas demandé son compte. Il a dit que j'étais folle : c'est du reste, la réponse des personnes incapables d'arguments. « Je me propose, lui ai-je dit, de me moquer de vos platitudes avec le Père Éternel, car ne vous en déplaise, je suis son enfant gâtée. Je suis persuadée qu'il prend en pitié vos cérémonies, connaissant le fond de vos cœurs. »

Un raisonnement semblable vis-à-vis d'un prêtre suffit pour le faire partir aussi vite qu'il est venu. A moins, toutefois, qu'il n'y ait en vue un héritage à accaparer. Alors, en ce cas, tous les procédés sont bons. Le prêtre n'est plus qu'un infâme usurier qui vous menace de l'enfer absolument comme des huissiers si nous n'acquittons pas nos dettes.

Cette manière de procéder m'a toujours révoltée. Je citerai à ce propos une petite anecdote qui m'est personnelle. J'avais retiré chez moi une de mes belles sœurs, poitrinaire, qui n'était pas mariée à l'église.

Pour bien des personnes, à Marseille, c'est tout comme si on vivait en concubinage. Voyant qu'elle était perdue, elle voulut avant de mourir recevoir la communion. L'église refuse cette faveur aux personnes vivant dans ces conditions. Je la pris donc chez moi et me chargeai des démarches. Je m'entendis avec un prêtre de ma paroisse qui devait l'administrer dans mon lit. J'ai toujours respecté les convictions et les opinions de chacun. Je m'empressai de déférer à ce désir pour éviter de la part des voisins de ma belle-sœur tout commentaire. Il n'avait pas été question d'argent. J'étais toute à la foi des autres, aux soins des enfants que j'avais pris également chez moi pour les légitimer selon l'Eglise. J'avais donc quatre personnes chez moi, à ma charge ; mais le prêtre malgré ce dévouement voulait sa pièce. C'est l'usage de placer une pièce en argent ou en or sur l'exposition où le prêtre appuie le saint ciboire.

Ayez donc la foi, avec des détails semblables. J'étais à genoux, un enfant devant moi, le plus jeune, à qui j'ai servi de mère plus tard, n'avait que six mois. La petite fille un peu plus grande à genoux, de même à côté de moi. J'étais tout entière à mon émotion, à mon dévouement. Je ne voyais que ma belle-sœur mourante, jeune et belle comme une madone de Raphaël ; elle me disait merci des milliers de fois, avec ses beaux yeux noirs, ne pouvant presque pas parler. Je sentais la douleur de cette jeune mère qui reposait sur moi l'avenir de ses enfants. Je priais. Il me semblait que Dieu était réellement parmi nous ; non celui que l'on apportait caché, mais celui que j'invoquais, le seul et unique.

Le prêtre ne s'en allait pas, il tournait autour de la table. Une demoiselle dévote qui savait ce qu'il cherchait, s'approche de moi et me dit :

— Où donc avez-vous mis la pièce ?

— Quelle pièce, répondis-je.
— Mais l'argent !

Je lançai un regard foudroyant au prêtre et je lui montrai les orphelins. Il comprit et se retira. Cette conduite indigne m'avait arrachée à ma méditation. Oh ! que les prêtres m'ont fait souffrir avec leur spéculation, même envers les mourants.

Voilà pourquoi je suis et resterai libre-penseuse. C'est que j'ai été à même de tout apprécier. La mort ne m'effraye point. Un prêtre à mon chevet troublerait ma méditation. Je veux me recueillir avant d'aller à Dieu ! Je ne tremblerai pas à son approche ; s'il est mon maître, il est aussi mon père. Je ne me fais point cette idée terrible d'un juge inexorable ; nos fautes et nos crimes viennent de nous et ne l'émeuvent pas.

Je bénirai mes enfants, si j'en ai. Si je suis riche, je donnerai aux pauvres. Pour invoquer Dieu, je n'ai pas besoin de prêtre, les élans de mon cœur suffisent ; ils sont si sincères et si ardents qu'ils vont à lui sans aucun autre secours. Je suis née catholique, mais même étant enfant je voyais les abus et j'ai toujours été libre-penseuse. J'ai toujours prié selon moi. La foi ne m'enlève pas ma tristesse, mais parfois elle me soulage le cœur : il est si doux de croire. Il y a des moments si pénibles dans la vie, si douloureux.

En ce moment, je me demande : « Que suis-je

venue faire à Lyon ? — Hélas ! je n'en sais rien !
Je croyais ? à qui ? à un ami ; et je suis seule.
L'Hôtel des Etrangers, que j'habite, est d'une tristesse mortelle, la rue Stila est une vilaine rue, habitée par le peuple. Les locataires des maisons habitent la rue jusqu'à minuit. Il faut entendre causer ce vilain monde-là ! Ils se battent parfois, ils crient souvent. Je regarde à travers mes persiennes. Chaque fenêtre c'est un nouveau ménage. Sans les voir je les plains ; mais les ayant en face de moi, je les méprise. Désordre partout ; saleté. Des femmes passant deux heures à la fenêtre et ne se mettant au ménage qu'une heure avant l'arrivée du mari. Je les vois à table, mangeant sans serviette, le tablier sale, une jambe de chaque côté de la chaise, la tête tournée du côté de l'hôtel. Pour ces femmes-là, l'hôtel c'est le palais ; c'est là où descendent les riches, les pachas. « S'il y avait quelqu'un qui me remarque, se disent-elles, qui m'enlève ! » Oh ! les femmes ! Tout cela avec le tablier sale, la robe déchirée, des gestes dégoûtants.

Si j'étais romancier, je ferais sur eux un livre. Ici, une grisette ; là, une cocotte, même, avec des fleurs sur sa fenêtre, des oiseaux. Mon cœur se serre. Peut-être y a-t-il en elle l'étoffe d'une honnête femme, la misère seule l'a perdue. Par moment, il me semble qu'elles sont tristes, alors je souffre. Un instant après, je les vois boire, je les entends crier. Oh ! le peuple ! Me verrai-je longtemps avec ce monde-là ? Il faut les plaindre, dit-on ; mais ces femmes-là sont paresseuses, gourmandes, méchantes. Oh ! que je voudrais voir une femme remplir la tâche que j'ai remplie sans murmure. Eh bien ! Non, je ne le verrai pas. J'ai un dégoût profond. Qui m'arrachera de ce bouge ? Oh ! mon Dieu ! ayez pitié de moi ! Donnez-moi la force de renoncer au monde. Que je voie sur mon front la couronne des vierges. Je suis martyre ; j'ai pleuré des larmes de sang. Que mes cris montent jusqu'au ciel ! *id clamor cœlos !* Donnez-moi la force, oh ! mon Dieu ! de rompre mes chaînes. Je ne suis point faite pour vivre avec le peuple. Ayez pitié de moi.

Le ciel est devenu sombre, il pleut encore. Oh ! le vilain climat. Quand j'habitais Lyon, étant enfant, le soleil brillait toujours. Avais-je le temps de voir le ciel alors ? Non, le bonheur m'entourait, le monde, la vie. Et, si parfois quelques souvenirs tristes venaient porter ombrage à ma sérénité, le temps me manquait pour les approfondir. Mais, aujourd'hui, je suis complètement seule, dans ma chambre d'hôtel nue et triste. Je regrette ma prison. Il faut avoir beaucoup souffert pour regretter une prison. Eh bien ! les trente-trois jours que j'ai passés sous les verrous étaient bien moins tristes que ceux que je passe à Lyon. J'avais tellement à faire que les heures s'envolaient. Ici, je compte les minutes. Que suis-je venue faire ? Pourquoi ne suis-je pas restée dans mon couvent, tranquille ? Je me berce toujours de mille chimères ; mais je sens que l'heure sonne où je vais prendre une détermination sérieuse. Je vais prendre le voile. Cinq ans de luttes et de douleurs m'ont vieillie de vingt ans. Donnez-moi la force, oh ! mon Dieu ! d'aller à vous. Je ne verrai que vous. Le sacrifice sera peut-être au-dessus de mes forces, je mourrai à la tâche. Mais qu'importe, puisqu'il faut que je meure ! J'irai à vous plus tôt ; je ne verrai pas les petitesses des sœurs ; je prierai selon moi et mes vœux iront à vous, je le sens. Vous ne me laisserez pas longtemps dans ce triste exil, vous aurez pitié de moi.

Je m'égare, je parle à Dieu comme à un ami. Oh ! s'il ne m'entendait pas ! mais non, je sens qu'il veille sur moi. Ne détournez pas vos regards. Oh ! mon Dieu ! J'ai tant souffert que je ne sais plus prier.

. . . .

Il est neuf heures du soir ; je suis encore à Lyon. Il me semble que je suis dans un cachot depuis mille ans ! Oh ! que je souffre ! Demain où serai-je ? Hélas ! je n'en sais rien ! Quand j'aurai ramassé les débris de mon trousseau, de ma forlune, j'irai de nouveau frapper à la porte du cloître ; cette fois pour ne plus en sortir.

Quant à mes écrits je ne sais à qui les donner. Si un jour cependant une main amie venait à travers la grille du parloir me dire : « Voilà vos œuvres ! », oh ! celui-là je le bénirais, je l'aimerais comme Dieu, et Dieu ne serait pas jaloux. Un père n'est jamais jaloux du bonheur de sa fille.

*
* *

Lyon, 11 juillet 1871

Parfois la pensée de mes écrits me préoccupe. Qu'en ferai-je ? Il me faudrait y travailler deux ans pour qu'ils fussent passables. Peut-être seraient-ils parfaits. C'est ce que je voudrais. Mais ce travail me fait peur. Je n'ai ni le loisir, ni l'argent pour le faire. Il est certain que si je les montre à une religieuse quelconque ils seront brûlés. Je ne le voudrais pas. Je n'ai point de proche parent, point d'amis ; et cependant, il me semble que le plus grand sacrifice que je puisse faire dans cette vie sera celui de mes écrits. Tout imparfaits qu'ils soient, j'y tiens plus qu'à ma vie.

Il faut que je raconte ici une visite que je fis

à une église dont j'ignore le nom. Elle est en face la Bourse. J'allais prier.

L'autel de St-Antoine-de-Padoue m'a fait rire malgré moi. Je l'ai vu tellement encombré que je me suis approchée pour le mieux voir. Sur le côté pendent çà et là de petits bonshommes, des bras, des jambes, etc. En un mot, des pantins à faire rire les bambins ; plus loin, j'entendais prier Quatre bonnes femmes disaient le chapelet à haute voix ; elles étaient laides comme les sept péchés capitaux. Oh ! que tout cela me révolte ! Je ne croirai jamais que Dieu écoute toutes ces platitudes. Il y a de quoi prendre en pitié toute l'espèce humaine, en voyant que l'homme, créé à l'image de Dieu, est devenu si laid et si petit.

Tout le monde ne peut avoir de l'esprit, cela est même impossible. Il faut des ignorants ; mais ne pourrait-on pas apprendre au peuple à prier Dieu, et non toutes ces momies qui ornent les églises catholiques. Si du moins, il y avait quelque image, quelque chose qui fasse croire au bien, à la divinité ! Mais c'est à faire pitié, et quelquefois à dégoûter. Je m'arrête sur cette matière ; il y aurait trop à dire, et la bêtise des gens n'en continuerait pas moins.

Marseille, ce 28 août 1871

Un mois vient de s'écouler sans que j'aie tracé une ligne. Rien ! la douleur m'a paralysée. J'ai appris sa mort ! Pour qui travailler maintenant ? A qui mes pensées, mon amour ? A la tombe ! Toujours à la tombe ! Encore une fosse qui vient de s'ouvrir. Mais qui suis-je donc? Oh ! mon Dieu ! qu'attendez-vous de moi pour me frapper ainsi dans toutes mes affections ? J'ai quitté Lyon le cœur brisé. Jamais je n'avais tant souffert. Oh! les gens vulgaires et matériels ne méritent pas tant de soupirs, tant de larmes. Mais, puis-je me changer ! Non, je ne le puis. Aimer, toujours aimer ; comme Musset : sans amour je ne puis rien. Et comme lui, je pleure, je souffre ! Oh ! que de déceptions, de trahisons infâmes ! Eh bien ! comme lui je crois toujours à l'amour, et j'aime quoi ? Le vide.

Je suis de retour dans mon couvent des Augustines à St-Just ; je ne sors pas de ma chambre de toute la journée. Depuis un mois, j'ai travaillé manuellement comme une ouvrière. J'ai raccommodé mes toilettes, mon linge, tout est en ordre. Maintenant je vais reprendre mes études, mes écrits ; après avoir repassé, lavé quelquefois, et cela ne me fait pas rougir, belles dames, qui n'en savez pas plus que moi, qui n'êtes souvent que des femmes vulgaires, communes et qui rougissez de vous occuper manuellement et qui portez souvent vos jupons déchirés. Laissons cela ! Ici, nous ne faisons pas la morale. J'écris pour moi. Par exemple, en ce moment, il y a dans la maison une veuve de trente-quatre ans, qui passe son temps à lire, à dormir, à pleurnicher, ce qui n'est pas du tout pleurer et qui, sous prétexte qu'elle est grande dame, descend quelquefois dans le jardin sans être peignée. Hier soir, je la rencontre. Notez qu'hier c'était dimanche et qu'il était sept heures du soir, elle n'était pas peignée.

Au bout de quelques instants de conversation, comme je n'écoutais guère :

— Madame, ai-je dit, pourquoi êtes-vous si mal peignée ?

— Je ne sais pas me coiffer, a-t-elle répondu.

— Moi non plus, madame, mais je sais me peigner.

Oh ! les femmes ! ou plutôt l'instruction des femmes! l'éducation, ne la blâmons pas trop. C'est la société qui est malade et qu'il faudrait guérir.

Hélas ! la France, comme sa mère la Grèce, tombe, s'écroule chaque jour dans un profond abîme. En ce moment, par exemple, les Français jouent le dernier acte de la prospérité. La droite de la Chambre de Versailles tient le rideau à la main. Ce rideau est taché de boue. Au lieu de le laver, ils crachent dessus, et s'ils ne peuvent arriver à nous donner encore un roi assassin et voleur, eh bien, ils jetteront le rideau plein de boue sur les malheureux et ils s'écrieront : « Peuple, c'est toi qui l'as sali ! Ta République a tout fait. » Oh ! les infâmes.

Je déplorerai et maudirai toujours les auteurs des guerres civiles ; mais n'accusez jamais le peuple, car le peuple a faim et froid. Il faut toujours lui pardonner. Les coupables sont les partisans des rois ; ceux que le fanatisme entraîne. Pour ce soir, je suis forcée de m'arrêter, mes yeux se ferment. C'est encore à toi que je m'adresserai, Benjamin, à ta mémoire. Tu m'aimais, veille sur moi si tout n'est pas mort après nous. L'Eternel t'exaucera, tu ne seras pas seul à veiller sur moi. Mon père, ma mère, mon époux, mon oncle, je me recommande à vous tous.

Ce 22 août 1871. Je laisserai la date du 22 août. Nous sommes au 1er octobre, et depuis je n'ai pas écrit une ligne. Les jours ont succédé aux jours, et ma position est toujours la même. Je souffre, je vieillis et je suis toujours aussi pauvre. Je travaille cependant, du matin au soir ; quelquefois la nuit j'étudie, je sens que j'arriverai à me faire un nom et je lutte. Je pars demain soir pour Paris, ou plutôt pour Versailles. Mes malles sont fermées : je vais quitter ce couvent pour aller dans un autre du même ordre. J'ai peu à dire sur cette communauté, c'est tout comme une pension bourgeoise. Beaucoup de personnes âgées ; la plupart n'ont pas d'éducation, cela fait qu'elles bavardent toute la journée. C'est un tas de commérages à vous révolter ; l'argent est tout, comme dans un hôtel, c'est le premier dieu. Il y a parfois moins de délicatesse que dans le monde. J'y ai beaucoup souffert et je regrette cependant mes promenades nocturnes, avec le chien de la maison qui n'aimait que moi et qui ne me quittait pas. Je ne regrette que lui en fait d'amis. Que Dieu me conduise une nouvelle fois ! Je vais laisser les pins pour les marronniers, le beau soleil du Midi pour le ciel gris du Nord. Toujours partir. Quand donc arriverai-je au port ? Hélas ! je l'ignore. Je m'arrête. Ma chambre est triste, la lune vient de paraître, mais je ne puis sortir. Les portes du couvent sont fermées ; je dis couvent, mais par le nom seul cela diffère de l'hôtel, et aussi par la campagne. Elle est très vaste ici, et en ce moment aussi belle qu'au printemps. A Marseille, l'automne est plus beau que le mois de mai ; les arbres reverdissent, il y a des roses. C'est le moment le plus agréable. Mais suis-je maîtresse de ma destinée ? Quand donc pourrai-je dire : « Je vais me reposer. » Hélas ! je l'ignore. Je m'arrête et je prie. A qui mes pensées maintenant ? A vous, oh ! mon Dieu ! et à la tombe ! Toujours à la tombe !

Versailles, le 6 octobre 1871
Communauté des Augustines

Quand donc aurai-je fini de voyager? Quand pourrai-je dire : « Je vais chez moi ? » Hélas ! je n'en sais rien. Avant de me mettre au travail, j'écris quelques lignes. Je ne dis rien de ce couvent. A quoi bon ! tous se ressemblent. Ici, il est même permis de faire gras le vendredi. La maison me fait l'effet d'un immense hôpital militaire. Comme partout, l'argent est le premier dieu. Quant au personnel, je ne veux, ni ne dois le connaître, j'ai observé celui des Augustines de Marseille, d'après ce que j'ai vu, ce sont les mêmes et les mêmes bavardages.

Je vais recopier mes poésies, que je dédie à M. Thiers. Il faut que ce travail soit fait dans un mois. Ensuite, je reprends mon livre de morale. Il faut qu'il soit corrigé et recopié en entier. Après, j'ai mes deux drames. Que Dieu me donne la force de tout terminer ! Je ne me suis point arrêtée à Paris ; je l'ai traversé dans l'omnibus du chemin de fer. Je croyais le trouver plus désert. Les voitures, les omnibus, tout marche la même chose et avec la même vitesse. Les magasins sont garnis de marchandises et resplendissants de lumière, tout comme avant le siège. Quant à la souffrance endurée par les citoyens, il est impossible de l'apercevoir. A Paris, tout chante et tout rit. S'il y a des douleurs, et il y en a, elles sont cachées. J'ai bien aperçu près du Château-d'Eau quelques maisons en ruines. Mais, à côté, il y avait tellement de bruit qu'il n'y avait pas lieu de s'attrister.

On dirait que les Parisiens ont voulu se distraire en incendiant çà et là quelques maisons. Je n'ai pas eu le temps de voir les monuments en ruines. Je dirai mon impression plus tard. Si j'en juge par les maisons particulières, il n'y a pas lieu de s'apitoyer. Dans un an ou deux, rien n'y paraîtra. La France est un royaume magique, où tout se construit, s'écroule, comme par enchantement. On change de décor un peu moins vite que sur la scène, mais nulle puissance au monde ne créera les mêmes prodiges avec la même rapidité, nul pays ne verra les flammes brûler ses chefs-d'œuvre avec tant d'indifférence. D'où vient cela ? C'est que le Français, tout frivole qu'il est aujourd'hui, est capable de rebâtir sa Babylone en trois jours. Si les antiquités brûlent il a des chefs-d'œuvre modernes. Voilà pourquoi Paris sera toujours l'âme du monde et le point de mire de toutes les puissances et toutes les majorités du monde ne parviendront jamais à décapitaliser Paris. Paris, c'est la tête de l'Europe ! Il n'y a que les Marseillais qui n'entendent pas de cette oreille-là. Pour eux, ils sont Français par force, disent-ils, et comme jamais aucun roi n'a voulu résider à la Cannebière, ils ont juré haine mortelle à toutes les royautés possibles et imaginables, excepté au Pape, bien entendu.

Les jours passent vite en travaillant. Nous voilà au 15 octobre et je n'ai rien pu écrire pour moi. Singulière femme, dira-t-on. Eh bien ! c'est cependant vrai. J'écris pour moi seulement en ce moment, c'est-à-dire dans mes lettres. J'ai une crainte mortelle que peut-être mon griffonnage, qui est *moi* véritablement, ne puisse être bien déchiffré. Voilà ma peur. Peut-être ennuierai-je le lecteur, mais je ne le pense pas et quand même sur la quantité peut-être ferai-je plaisir à quelqu'un. Il me semble qu'il y a dix ans que je suis à Versailles. Rien ne me plaît dans ce pays ! Hier, je suis allée me promener dans le parc, que je trouve abominable à force d'être beau. Je n'aime pas ses arbres et bordures si réguliers, ses alignements me déplaisent. Je n'ai pas vu l'ombre d'un député. Dans les rues, des soldats, des agents de Police et des marchands. Voilà la population actuelle. Il y a cependant du beau monde à Versailles, mais vivant dans un couvent je ne le vois pas, et n'était mon occupation continuelle, je serais déjà morte. Je suis forcée de m'arrêter, le sommeil me gagne.

Bruxelles, le 24 mars 1872

Puisque les circonstances n'ont pas permis que ce livre fût donné au public au commencement de l'année, comme je me l'étais proposé, je dirai encore quelques mots sur l'état actuel de notre malheureux pays.

En voyant la tournure que prennent les affaires et les hommes (soi-disant compétents), toute personne qui raisonne doit souvent se poser cette triste question : « Est-ce que les Français sont tous fous ? » Quelle affreuse perspective s'ouvre devant nous ! Si nous passons en revue les membres de l'Assemblée, quel est celui qui pourra être classé comme patriote et qui aime son pays et non ses propres intérêts ? Hélas ! il n'y en a pas un seul, en apparence du moins; depuis le premier prétendant jusqu'au dernier député. Aucun, depuis un an, n'a fait preuve de dévouement, pas plus le Comte de Chambord que le petit bonhomme qui a porté l'habit vert pendant six ans. Sa Sainteté le Comte de Chambord ne pense qu'à son drapeau blanc, la couleur du drapeau du pays ne lui convient pas, c'est la sienne qu'il faut étaler. Qu'importent à ses partisans les ruines fumantes ! ils ne songent pas à éteindre l'incendie. Non, ils marcheront sur des milliers de cadavres pour arborer un drapeau représentant le Roi, mais jamais la Royauté. Pas un qui dise : « Qu'importe l'oriflamme pourvu qu'elle ne soit pas tachée de sang, et que le peuple soit heureux. » Non, non, « ma satisfaction à moi, d'abord, le bien de la nation ensuite.

Si je vais à la messe avec mon chapelet à la main, le peuple doit me suivre, non parce qu'il est convaincu, mais parce que telles sont mes opinions. » On est saisi de douleur en voyant les hommes destinés à diriger les nations et les peuples, ne s'occuper absolument que du Pape et de l'Eglise. Il est à regretter que tous les hommes ne ressemblent pas à M. de Bismarck. Deux hommes de ce genre en France et la France est sauvée ; mais, disons-le avec amertume et douleur, tant que la digne Assemblée jouera à cache-cache, nous ferons chaque jour un pas vers notre décadence. C'est en vain que Thiers et d'autres veulent nous berner. Qu'on nous passe le mot, nous descendons et le mal qui s'opère dans les esprits est plus rapide et plus grave que les horreurs de la Commune.

Quand on dressera le compte-rendu de la fameuse Assemblée, l'historien pourra se voiler la face. Depuis huit mois ils tergiversent pour décréter des lois impossibles, qu'il faudra abolir à l'apparition du premier gouvernement raisonnable. La France attend pourtant certaines lois essentielles ; mais, bah, à quoi bon le progrès ?

C'est la civilisation et ils ne la veulent pas. Le service obligatoire, fadaise comme l'instruction, il est retombé dans le néant. La séparation de l'Eglise et de l'Etat serait le couronnement de l'édifice moral. Mais tout cela n'est qu'un songe ! L'impôt sur le revenu ! Non, non, rien de cela n'a passé. Des impôts à écraser le peuple. Ils se plaignent, les insensés ! combien de complots qui s'ourdissent dans l'ombre sans doute.

Il y en aura toujours ! Eh ! prenez garde qu'il n'y ait un écroulement général de toutes les nations civilisées. Nous parlons en ce moment pour toutes les nations. L'Eglise, toujours l'Eglise. Les pouvoirs du Pape sont toujours en jeu. Nous sommes d'avis qu'il en a trop, et que non seulement on ne devrait pas lui laisser ceux qu'il a, mais on devrait lui enlever tous ceux qu'il peut avoir encore temporairement. Quant aux deniers et aumônes du Saint Père, tout cela devrait passer dans le tronc des orphelins. Qu'a-t-on fait, disons-le avec la constitution, de toutes les choses qu'on devait faire : réformes militaires, administratives, économiques, créations, organisations et institutions ? Rien ! et toujours rien ! Thiers a laissé voter des millions pour la reconstruction de sa bicoque ; les Princes d'Orléans ont fait en sorte de rentrer dans leurs biens, au lieu de les faire vendre pour payer les Prussiens. Chambord s'est occupé de faire fabriquer des scapulaires en forme de décorations nouvelles, Gambetta a fait du charlatanisme, et les dames de ces messieurs ont joué le rôle de Sa Majesté Eugénie. Tout cela est triste ! Sous Napoléon III, il y avait encore quelque respect à la Chambre des députés, mais aujourd'hui, c'est une halle aux poissons. C'est à faire pitié, droite ou gauche, c'est tout même chanson. Le mot « progrès » ne manque pas cependant. On dirait des saltimbanques arrivés à la fin de leur séance, cherchant à captiver le public par quelque tour de force. Il y a dix ans, on disait que les Français étaient des sauteurs, permettez le mot ; aujourd'hui, c'est de la pitié qu'on vous donne comme à des insensés. Pauvre France !

Nous avons combattu ailleurs la liberté de la Presse, en disant que si la Presse était libre, il fallait que tout écrivain ou journaliste fût docteur et professeur, au moins diplômé ; car il est plus difficile, avons-nous dit, de faire la leçon aux hommes qu'aux enfants.

Commencez donc par vous, belle dame, dira-t-on. Nous dirons hardiment que nous suivrons le conseil, mais qu'il faut pardonner quelque chose à l'auteur, même ses originalités.

Revenons à l'Assemblée, ce qui veut dire : « La France. » Car ces dignes messieurs ne comptent absolument pour rien la nation. Tout ça commence et finit à Versailles sans que les Parisiens même soient instruits de leurs décisions encore moins de leurs combinaisons. S'ils n'ont pas décrété l'instruction obligatoire, ils n'ont pas oublié de décréter l'état de siège à perpétuité.

Sire Thiers est le plus fameux renégat que la terre puisse porter. Ayez donc foi aux catholiques ! Après avoir adoré le bois, trente ans, ils ne se font aucun scrupule de s'incliner devant le veau d'or. Pour eux, tout est confondu : Dieu, Jésus-Christ, la bonne Vierge ; tout cela est la même chose. N'oublions pas le Pape ! Et, cependant, qu'a-t-il de commun avec Dieu si ce n'est qu'il fait des saints à volonté, absolument comme Napoléon III décorait les agents de la Police secrète.

Ce qui occupe la Chambre ce n'est pas la libération du sol, vain mot que tout cela ! Le reprise du travail, la rentrée à Paris, tout cela est de la propagande pour vendre leur marchandise. Qui paiera ? Le peuple ! N'oublions pas l'*Internationale*, c'est la bête noire des Versaillais. Ce n'est point à nous à traiter de pareils sujets. Mais, s'il nous était permis de dire notre pensée, que de choses nous dirions ! Nous avons voulu faire de la morale et on nous a dit : que par ci, par là, nous avions fait quelque peu de politique. Nous avons vu de très près, tous ceux qui nous ont perdus et ceux qui nous ont amusés et qui se proposent de nous amuser, (si amusement il y a) jusqu'aux calendes grecques ! Il y a deux mois

Pouyer-Quertier était le héros de la déplorable tragédie qui se joue à Versailles. Pourquoi a-t-il déserté le drapeau national ? Pour courir après une nouvelle couleur. C'est encore un mystère.

. . . .

Quand donc les souverains, quels qu'ils soient, perdront-ils la stupide manie de croire qu'en eux s'incarne leur pays ?

Chaque nation devrait avoir sa monnaie. Mais, pourquoi les rois au lieu de placarder leur effigie sur les centimes ne font-ils pas décréter que les armes de la nation seules figureront sur les monnaies et les monuments publics ? Napoléon III, par exemple, avait ses initiales partout. Ces hommes-là se croient réellement immortels. Six mois de grattage ne suffiront pas pour rayer les N et les E. Pourquoi tous ces frais inutiles ? Il est surprenant que l'honorable Thiers n'ait pas encore une monnaie à lui ! Ce serait plaisant, mais point du tout étonnant.

Il a réellement une manie à lui : qui n'en a pas en ce moment : c'est de supprimer les journaux, tout comme faisait Piétri.

Ce qu'il faudrait supprimer en France, comme dans d'autres pays, le savez-vous ? monsieur ! ce sont les hommes du genre de Sardou, qui sont assez lâches pour insulter à la Patrie agonisante ! Ce sont ces écrivains qui égarent le peuple, qui le surexcitent ; voilà ce qu'il faudrait : supprimer le vice et propager l'instruction.

Nous traitons ce sujet dans notre livre (1) et nous ne nous étendrons pas plus longuement sur ce sujet ; nous l'avons traité dans notre premier chapitre, écrit dans la douleur de voir notre malheureux pays mutilé, encore plus au moral qu'au physique. Nous sommes en exil, mais nous ne souffrons pas moins des blessures poignantes que ses propres enfants font à leur mère.

Qu'il nous soit permis de dire quels sont les auteurs de notre décadence : nous dirons sans balancer, c'est l'ignorance, et de plus le clergé. Il y a de quoi frémir en songeant où sa domination peut nous conduire. C'est profondément triste de voir au XIXe siècle les hommes savants s'occuper de discussions religieuses et non de l'Etat. L'Eglise, toujours l'Eglise ; eux seuls font la guerre à l'idée de la Presse libre. Nous avons traité ce sujet plus loin. Il faut de la religion, mais à bas le fanatisme ! Ne confondons jamais vitesse avec précipitation.

Pour les catholiques, tout est mêlé, laissons-les pour le moment et souhaitons qu'en religion comme en politique, il se réveille quelque nouveau Bismarck, pour trancher les questions qui n'ont pu l'être depuis un an et même plus.

---

(1) *Morale et Critique* (Genève).

Ce 23 mars 1872.

J'ai tracé quelques lignes dans l'espoir qu'elles feraient partie de mon livre. Hélas ! il n'en est rien. Je ne le puis, car sans cela mon livre serait supprimé. Le verrai-je enfin paraître ce malheureux livre ? Il y a des moments où j'ai peur que le diable, si toutefois il y en a un, se soit déchaîné après moi.

Laissons donc la politique. Et cependant, que de choses j'ai à dire, puisque, n'habitant plus Versailles, je suis au courant des fredaines de Sire Thiers. Il me fait l'effet d'un vieux céladon qui veut séduire une jeune femme par ses manières ; le voilà maintenant qui se donne des airs de Roi. Il est pénible de voir la France inclinée devant un roi polichinelle.

Voilà un mois de repos que ces messieurs vont prendre, tout comme s'ils avaient beaucoup travaillé. Il y a cependant pas mal d'individus qui s'arrogent le droit de parler politique sociale, etc. Seulement pas le plus petit changement, c'est toujours la même répétition. En un mot, c'est une scie ; qu'on nous passe le mot.

C'est fâcheux que M. Pouyer Quertier nous ait tiré sa révérence, c'était l'homme qu'il nous fallait. Pourquoi diable a-t-il trempé son pain dans la sauce du bonapartisme ? Il est vrai qu'il n'est pas le seul.

Ce 26 mars 1872

La politique, toujours la politique, et comment dire autre chose, est-ce que cela est possible. Par exemple, quand nous lisons les journaux français et que nous avons la douleur d'y voir turpitudes sur turpitudes, c'est à renier son pays et surtout ses administrateurs. Maintenant l'installation de Thiers au Palais de l'Elysée ; c'est là leur grande occupation. Quant à la rentrée de la Chambre, elle est renvoyée à la reprise de l'Alsace et de la Lorraine, et l'instruction obligatoire, au jugement dernier. M. Jules Simon a fait ses pâques. Pouvons-nous compter sur l'opinion d'un homme aujourd'hui ? Qu'on nous en cite un seul de compétent, qui ne soit pas renégat, dix fois, depuis qu'il est en place. Vraiment il y a de quoi rire. A quoi bon souffrir pour un pays où les hommes sont en démence et de plus, enragés à ne pas démordre de leur fanatisme ? Napoléon III, quoi qu'on en dise, a donné à la France plus de millions que n'en a mangé la République, ce qui n'est pas peu dire. Jamais le commerce ne refleurira si resplendissant. Le libre échange était traité sur une grande échelle.

Que nous laissera le petit homme avec ses manies de jésuite ? On ne sait jamais sur quel pied danser avec ce troun'-de-l'air paralysé. Jamais la presse n'a été bâillonnée si rudement : c'est le règne de la terreur.

Les condamnations à mort sont leur seule occupation. On fusille les fous auxquels on devrait pardonner, et on laisse les lâches et les idiots en place. Oh ! mon pauvre pays ! quelle amertume j'éprouve de ne pas te voir tel que je t'ai rêvé. J'aime la France ; j'y suis née ; mais, que l'on me pardonne, je n'ai pas de pays, je suis de toutes les nations. La seule chose que j'aime c'est la loyauté, la seule religion que je vénère, c'est le bien de l'humanité. N'importe, le salut et les fléaux de l'humanité viennent des personnalités. Il est rare que les hommes aient des idées internationales. La plupart des hommes politiques et diplomates ne voient que leur pays.

Si les hommes de toutes les nations étaient frères il n'y aurait jamais de discorde. Il y a une haine entre les citoyens de telle ou telle nation. Pourquoi cela ? C'est que les hommes compétents ont la manie de placer le pays qu'ils habitent en première ligne.

Il n'y a qu'un pays au monde, c'est la terre ; qu'une patrie future, le néant. Noirs ou blancs nous sommes tous frères. Si Dieu ne s'occupe pas assez des hommes, c'est qu'ils se sont divisés sans son ordre. Les classes pauvres ne sont que les domestiques des grands, voilà pourquoi les guerres existent. Le pauvre a besoin d'intérêt et non de mépris. La haine ne provient que d'une chose : le bien en face du mal.

Presque tous les rois ont dit : Moi, se croyant chez eux, et quand ils ont dit : Nous, c'est par politesse ; mais le moi était infatué en eux. Écraser les voisins pour avoir un royaume plus grand, ça a toujours été le mobile des souverains.

Quand Dieu créa le monde il ne mit pas de limites. Les hommes, ses créatures, en ont placé en disant : « Je suis chez moi, si vous marchez sur mon terrain je vous déclare la guerre et je fais massacrer des milliers d'hommes pour ma satisfaction. » Les insensés invoquent le dieu des batailles, celui qui a dit que la guerre était nécessaire. C'est que dans sa perspicacité il a compris que jamais les enfants des hommes ne seraient d'accord entre eux. Faire égorger des hommes parce qu'ils voudront avoir un domaine plus grand, c'est de l'absurdité. Il faudrait qu'en pareil cas le roi attaqué dise : « Prenez, mes amis. Ce que vous ne prendrez pas c'est le bon exemple et la vertu que j'ai enseignés. »

Oh ! comme il serait grand ce roi qui dirait : « La Terre n'est point à moi, je n'ai que ma conscience. Vous voulez être grands par la grandeur du territoire ? moi je ne veux l'être que par mes vertus ! »

Versailles, 1872.

A Monsieur Thiers,

A l'apparition de la fameuse *Marseillaise de la Commune* je comprenais bien un peu que le titre était un peu trop saugrenu, mais il était trop tard pour le changer. Mais nous étions loin de nous attendre à de pareilles poursuites. A ce sujet, la brochure a été saisie et moi incarcérée et traquée par la Police ; tout comme *Mirabeau*. Si nous étions capables de renverser toutes les monarchies du monde nous ne serions pas plus tourmentés. Des idées communardes aux nôtres il y a un abîme. Si nous avons blâmé les députés de Versailles c'est que la plupart sont blâmables et nous les blâmerons encore. Nous n'aimons pas les démolisseurs, pas plus ceux qui démolissent l'édifice moral que ceux qui ont brûlé les monuments. Les derniers sont encore moins coupables, car eux n'étaient que l'instrument d'affreux saltimbanques; ceux-là n'ont pas été pendus, eux qui avaient poussé les malheureux à la révolte.

On nous a dit que nous avions l'esprit juste quoique original. Nous resterons ainsi. Nous ne louerons jamais les grands. Celui qui fait bien ne fait que son devoir, c'est aux autres qu'il faut faire la leçon. Nous ne sommes pas partisans de l'égalité, parce qu'elle est impossible, pas de l'instruction obligatoire. Puisque vous parlez au nom de la liberté, elle doit être sacrée, inviolable et non forcée.

Depuis que les nations civilisées proclament l'instruction, les peuples et les rois ne pensent plus qu'à s'égorger. Nul ne cherche le bonheur des hommes, c'est-à-dire la paix et la liberté ; instruction obligatoire, service obligatoire !

Messieurs, il n'y a que la vertu qui devrait être obligatoire ; mais ce décret est rayé des codes. Nos écoles libres sont des salles de jeux. Quand toutes les femmes sauront danser, chanter, ne voilà-t-il pas une belle éducation ! Qu'on apprenne aux enfants à prier d'abord. Il y a bien assez de danseurs dans le monde et surtout de chanteurs. C'est un bruit infernal que la société. On aura beau prêcher le progrès, la pente est trop rapide. Maintenant, c'est la modération qu'il faut prêcher, la simplicité aussi bien des vêtements que des idées. Mais, pour danser, chanter, il faut du rouge, du bleu, etc. Nous ne faisons pas de personnalités, nous parlons à tous et pour tous.

Le but de cet ouvrage est de vouloir faire en bien ce que les autres font en mal. Nous demandons l'instruction facile pour tous, mais jamais obligatoire. Nous sommes persuadé que les députés de Versailles, à qui nous nous adressons encore, ne seront pas contents, mais nous ne disons pas comme eux : « Après moi le déluge, pourvu que je reste. » Nous, plus généreux, nous disons : « Le déluge pour nous, mais que la morale reste. »

Le Procureur de la République Française écrit au Procureur du Roi de Bruxelles que nous avons des opinions politiques dangereuses.

Tout cela, parce que nous prêchons la morale au lieu de nous incliner devant les principes les plus absurdes. Nous n'aimons pas les athées, pas les flatteurs. On nous craint, tant pis ! On nous aimera quand nous ne serons plus. Nous n'avons cependant encore rien fait, mais ceux qui nous persécutent sont bien persuadés de ce que nous ferons. Deux fois les portes de la prison se sont fermées sur nous ! Qu'importe ! si nous sommes utile à nos semblables.

Nous croyons que l'Assemblée de Versailles pense trop au présent et pas assez à l'avenir. Et pourquoi ne le dirons-nous pas quand toutes les matières seront imposées ! S'il n'y a pas des produits en abondance les receveurs devront fermer boutique. On s'occupe de l'impôt, mais point assez de celui qui doit le payer. Paris, Lyon et Marseille ne font pas la France et les députés ne voient pas plus loin. La France pour eux est à la tribune. C'est très beau de s'écrier : « Nous voulons le progrès. » Sans doute, nous voudrions le progrès, mais nous sommes étonnés qu'il n'y en ait pas un assez franc, comme *Mirabeau*, par exemple, qui leur réponde : « Silence aux tapageurs, c'est vers la décadence que nous marchons, ne le voyez-vous pas ? » Il y en a peut-être qui le pensent tout bas, mais qui n'osent le dire tout haut, de crainte de perdre leur place.

Nous qui ne sommes et ne voulons être attaché à personne, qui avons le monde pour Patrie et notre cœur pour asile, nous le dirons dans tout le cours de ce livre, fiers de nos ennemis et de nos persécuteurs, dussions-nous aller une troisième fois en prison.

En France, il y a des départements entiers où les moyens de transports pour les denrées coûteraient le double des marchandises. On s'occupe de Lyon, Marseille, Toulouse, Paris, mais des campagnes point du tout. La plupart des représentants ne connaissent pas les mœurs de leurs départements.

Voilà d'où viennent les erreurs. Ensuite, pourquoi la France entière sous les armes ? qui donc piochera la terre ? Eh ! Monsieur le Président, ne voyez-vous pas avec votre longue vue, que nous marchons droit à la famine qui nous fera plus de mal que les Prussiens, dans dix ans d'ici ? La France est perdue si vous ne faites pas ceci, c'est-à-dire, fixer les hommes à la culture, et non aux mitrailleuses ! Ce qui a fait la richesse de la France c'est la fertilité du sol. Ce qui l'a perdue de tout temps ça a toujours été la guerre. Vous trouverez les milliards ! Ils sont même trouvés, très bien ! Mais, quand la France sera saignée il faudra lui renouveler le sang ! Vous savez que chez les malades la convalescence coûte toujours plus que la maladie. Ne vous y méprenez pas. La France ruinée par la guerre n'est que blessée ; mais ruinée dans son commerce, la France est morte. Il faut que ses produits marchent sur le même tarif que ceux des nations environnantes et même au-dessus.

Si vous semez le glas vous sauvez la France actuelle, mais vous perdez la France future. La logique est là. Calculez ! nous ne savons pas compter, mais nous prévoyons la banqueroute, la famine ! Il est fâcheux que l'Assemblée ne voie pas que le remède coûtera plus que le mal. Il est certain que les cinq milliards doivent se trouver deux fois, et non une. Les Prussiens partis, ce sera beaucoup, mais s'ils emportent tout, Adieu la France ! Certes, ce n'est pas moi, qui suis la nièce de Castellane, naturelle ou non, qui peux blâmer l'organisation qui devait passer la première. C'était l'organisation des esprits. La France est plus agitée aujourd'hui qu'au 4 septembre. On ne s'est point assez occupé de l'instruction.

Nous ne pouvons passer sous silence cette grande question qui agite l'Europe : instruction et religion.

Les guerres les plus déplorables et les plus sanglantes ont toujours été fomentées par le fanatisme. Il y a réellement de quoi prendre en pitié les libéraux et les radicaux. Quels sont les plus fous ? Nous pouvons dire les radicaux. En effet, détruire une religion sous prétexte qu'il y a des abus, rien de plus rationnel, mais à la place de ces abus il faut une réforme, et très peu de ces messieurs sont capables de nous la tracer. Quand tout le monde aura déserté l'autel, la société sera en déroute ! Croyez-le bien. Il n'y a que les grands esprits qui n'ont pas besoin de flambeau pour parler à la divinité, mais les petites gens ne trouveront pas le chemin de l'Eternel si vous ne les éclairez pas. Ne renversez pas les dogmes qui disent aux enfants de prier, ou la société n'est plus qu'une chose infernale.

Ne détruisez pas la prière ou le genre humain tombe dans l'abrutissement.

Nous avons voulu voir un pensionnat réputé, tenu par Mlle Gatty, de Beaumont. Il peut se faire que, sous le rapport de l'instruction, il n'y ait rien à désirer ; mais à des enfants de cinq à six ans il n'est pas nécessaire d'apprendre déjà la géographie et l'histoire. Il faut d'abord leur apprendre à lire et à écrire, à être obéissants. Il faut, en un mot, les éduquer avant de les instruire. On nous objectera que les parents sont libres de leur faire pratiquer la religion que bon leur semble. Sans doute, mais jamais la mère ne produira la même impression sur le caractère de l'enfant que l'instituteur. Et la preuve en est que chaque fois qu'un enfant de six, huit ans, n'est pas sage, la mère n'a qu'à le menacer du collège ou de la pension pour se faire obéir ; donc l'instituteur a plus d'empire que la mère.

La mère doit former le cœur de l'enfant, mais l'instituteur doit former l'esprit. Du moment où le pensionnat n'a rien à apprendre de divin, le rôle de l'instituteur n'a plus le même pouvoir. Il n'est plus que professeur. Adorez le Dieu des Chinois si vous reniez le Christ, mais il faut adorer un Dieu quelconque, qu'importe le genre d'adoration. Les hommages iront à lui, puisqu'il n'y en a qu'un. Jésus a dit : « L'homme ne vit pas que de pain », à plus forte raison les enfants. Nous traitons ce sujet longuement, dans le courant du livre. C'est seulement relativement à l'école libre que nous disons ces quelques mots. Il nous a été répondu que dans ce pensionnat on ne disait aucune prière, sous prétexte de ne blesser personne. Nous répondons qu'il y a des prières que tout homme peut dire, le *Pater* par exemple ! Et voici une chose frappante, vous ne voulez pas que la prière des catholiques blesse les protestants, soit ! Mais alors, quelle est la vôtre ? Est-elle plus simple, plus pure, élève-t-elle l'âme à Dieu ? Alors, rien de plus logique, apprenez-la-nous. Mais tant que vous n'aurez pas un nouveau législateur, tant que la nouvelle loi ne sera pas tracée, tant que vous n'aurez pas un nouveau catéchisme, respectez l'ancien ou votre éducation ne peut être efficace. Tant que vous n'aurez pas une nouvelle *Bible*, ne brûlez pas l'ancienne, et croyez-nous, les génies sont rares. Beaucoup de démolisseurs, mais très peu de créateurs. On nous objectera peut-être ce que nous venons de dire de la crainte de l'instituteur. Et on nous dira que la religion est toute d'amour et qu'il ne faut pas l'imposer. Non, la force en pareille matière ne vaut rien ; mais la crainte n'est pas la force. Et que chacun me réponde : y a-t-il de l'amour sans crainte ? Non, non. L'enfant aimera toujours sa mère, mais il ne la craindra que si elle est méchante ou supérieure. Vieillards et enfants nous nous inclinons toujours instinctivement devant le mérite et la vertu. Ce qui donne la crainte à l'enfant vis-à-vis de l'instituteur, c'est le savoir ; ce qui donne le respect et la crainte de l'enfant envers la mère, de la femme envers l'homme, c'est l'affection.

Trop libre penseur, Jules Simon a cependant fait ses preuves, qui sont ses œuvres. C'est précisément parce qu'il est entre les fous et les entêtés qu'il n'est pas compris. Il faudrait qu'il ne fût pas seul. C'est un peu le propre de l'esprit français de tomber aisément dans l'exagération, ce qui a toujours été la perte de la France.

Quant à l'actualité, si nous parlons des écoles de Belgique, c'est que la Belgique et la France se touchent de si près comme coutumes, que nous pouvons marcher ensemble. Du reste, nous parlons pour tout le monde.

La question de religion, en ce moment, fait plus de ravages que la politique, ce qui prouve une fois de plus que la religion est nécessaire à l'homme. Il y aurait une chose bien simple à faire pour que l'Europe fût en paix, la voici : ce serait la séparation pleine et entière de l'Eglise et de l'Etat, dans toute l'Europe, de ne rétribuer ni le Pape, ni les cardinaux, ni aucun ecclésiastique. Leur défendre, sous peine d'amende, de faire du commerce ; c'est-à-dire que les communautés ne pourraient plus travailler pour les magasins de confection. Tout ecclésiastique devrait quitter la soutane pour être admis à l'Assemblée, au Sénat ; s'il croit être plus utile à son pays diplomate que prêtre, il doit être libre. Mais le prêtre doit rester à l'autel. Défense, étant prêtres, d'être professeurs salariés, mais on doit les respecter comme les autres citoyens, ne les expulser de nulle part où ils seront propriétaires. Les laisser libres de bâtir et de rebâtir, de faire la propagande de leur religion. Qu'il n'y ait absolument que les fidèles qui leur donnent de l'argent, si cela peut faire leur plaisir.

Puisque vous parlez de la liberté, vous devez

l'accorder à tous, sans restriction contre tels ou tels citoyens.

Une autre des aberrations dangereuses de ce temps est, sans contredit, la ferveur avec laquelle on réclame l'établissement, le règne de l'Egalité.

Par cela même que la société existe, il y a des conditions sociales que les individus ne doivent pas et ne peuvent pas changer. Comme il y a eu, il y aura des monstres parmi les animaux et les hommes. Les hommes ne peuvent être égaux. Tout ce que la création a animé de son souffle a son rang. Les plantes ne sont pas égales, il y en a de grossières, de mauvaises et de fines. Les uns aiment le rouge, d'autres le blanc.

Quand quatre hommes sont à table, aucun n'a le même goût. Et les insensés proclament l'égalité ! Faites donc une dame d'une femme du peuple ! Est-ce que cela est possible ! Du reste, la nature a créé des hommes qui ne peuvent vivre dans la propreté, dans l'ordre. Vous les retireriez de la boue aujourd'hui, ils y retourneraient demain. C'est tout comme l'homme qui épouse une prostituée et qui a la prétention de la ramener à la vertu pour toujours ; pour un temps oui, pour toujours, cela est impossible.

Qui a bu boira, dit le proverbe.

On objectera qu'une femme sans religion peut être vertueuse, une femme supérieure oui ! une femme vulgaire jamais. Croyez-vous qu'il y en a beaucoup de femmes supérieures ? Non. Puisque les hommes avouent eux-mêmes ne rencontrer une femme digne d'eux que tous les vingt ans. Que sera-t-ce donc quand vous lui aurez fait déserter le foyer domestique pour suivre les cours de philosophie !

Il en est de même de l'ouvrier, à qui vous proclamez l'instruction et l'égalité. Il y a des hommes qui apprennent à lire et à écrire étant enfants et qui ne sauront plus rien étant hommes, par la seule raison qu'ils ne sont pas nés pour être savants mais bien pour travailler. Il y a des enfants qu'il faut frapper pour les faire aller à l'école ; ceux-là vous aurez beau leur apprendre à tenir la plume, les efforts de l'instituteur resteront vains. Il serait plus convenable de leur apprendre à lire et à écrire seulement, ensuite les envoyer à l'atelier.

Laissez donc chacun à sa place et rayez le mot égalité du dictionnaire. Ce mot-là fait honte à la civilisation, il insulte à la divinité. Et, puisque Dieu n'a rien créé d'égal, de quel droit les hommes prêcheraient-ils l'égalité ? Que chaque ouvrier sache lire, c'est très bien, mais apprenez-lui aussi à être honnête, résigné, car l'homme ne peut se révolter contre le destin. S'il est pauvre, apprenez-lui la patience. Mais si vous prêchez l'égalité, un jour de gêne et d'exaltation, il vous dépouillera. Tout homme a droit au bien-être par son travail, il ne peut prétendre à la fortune s'il est né pauvre et s'il ne la gagne pas.

Nous les avons vus de près, ces grands proclamateurs de l'égalité. La plupart sont des vaniteux, ministres ou autres, sans fonds, sans morale. Paraître à la surface à n'importe quel prix, voilà ce qu'ils veulent : détruire une loi, quelquefois utile, pour un prétexte futile, faire entendre au peuple qu'il est opprimé pour se faire proclamer Roi. Le peuple marche toujours en aveugle, sans songer que l'argent qu'on lui donne pour le faire crier : « Vive la liberté ! » c'est lui qui doit le gagner à la sueur de son front.

Le député qu'il a proclamé lui demandera sa vie et ne lui donnera pas de pain. Nous avons assisté à l'effervescence des élections à Bruxelles. Nous connaissons même des libéraux qui ont donné des sommes fabuleuses à des ouvriers pour les faire manifester dans les rues. Les malheureux pères de famille n'ont pas songé que cet argent devait être remplacé par leur sang ; que la boisson les surexcitait, que, à passer les nuits à courir et chanter dans les rues, leur santé s'épuisait, qu'ils ne pourraient pas travailler de huit jours et que le bien que le candidat prétendait leur faire était en réalité pour eux une calamité.

En faisant la fortune de quelque écervelé qui n'aime pas le peuple qui lui sert de jouet, est-ce que les ouvriers comprennent qu'eux seuls sont les victimes ? C'est facile de surexciter les masses, mais plus difficile de les apaiser.

Ce qui a lieu à Bruxelles a lieu partout. La plupart des radicaux font de la propagande absolument comme les fous, sans réflexion. Ils n'aiment pas le peuple, ceux qui le poussent à la révolte ; ils n'aiment pas le peuple, ceux qui l'abrutissent. Qu'on nous permette ce mot. Vous avez beau l'instruire, si vous ne lui apprenez à aimer, à prier ; quand il sera courbé sous le poids de la fatigue, quand il sera à côté d'une chaudière, s'il ne croit pas, s'il n'espère pas, comment voulez-vous qu'il ait la force de rester calme, quand il vous voit vivre dans l'oisiveté ! Lui, harassé de fatigue, lui, n'ayant qu'un morceau de pain, une blouse, comment voulez-vous qu'il ne vous dépouille pas s'il n'espère pas une vie meilleure ? Ah ! prêchez l'égalité, insensés ! mais vous prêchez la destruction du genre humain, vous prêchez le désordre, le vol, l'assassinat. Aurez-vous le droit de punir un assassin quand il vous dira : « Je n'avais rien, et vous m'avez appris l'égalité, jamais je n'aurais pu gagner la fortune, mais je veux en jouir puisque nous sommes égaux. »

Aurez-vous le droit de punir un voleur quand il vous dira : « Je n'ai rien, je suis un homme comme vous ; puisque vous me dites qu'il n'y a pas de Dieu à quoi bon être honnête ? Je n'ai rien à craindre, rien à perdre, ne sommes-nous pas pareils ? » Oui, voilà l'égalité ! c'est-à-dire l'anarchie, la révolution permanente. Font-ils le bonheur de l'ouvrier ces hommes avides d'occuper un siège à la tribune ? Le mot libéral suffit à l'ouvrier pour s'exalter. Pauvre fou ! C'est lui la victime des ambitieux, lui qui sera toujours malheureux.

Si au lieu d'être économe et travailleur il passe son temps à suivre les clubs, que lui apprendra-t-on ? La patience ! L'économie ! Non, on parlera aux ouvriers du budget, on leur dira qu'un tel est payé à cent mille francs et qu'il ne fait rien, comme si c'est par des paroles semblables qu'on arrivera à réformer les abus envers ceux qui sont trop payés. Pourquoi n'y a-t-il pas des concours et non des pancartes qui ne disent rien, pour élire les députés et surtout les ministres ? Pourquoi n'y a-t-il pas d'examens publics d'économie politique et sociale, de morale ? Pourquoi, avant d'élire un député, ne s'inquiète-t-on pas de son savoir, prouvé par un ouvrage sérieux et non par une affiche ? Pourquoi les places de ces dignitaires ne sont-elles pas honoraires ? De cette façon il n'y aurait que les riches, dira-t-on ? Non, il n'y aurait que les savants puisqu'il y aurait des concours. L'Etat devrait ne rétribuer que celui qui n'aurait pas quinze mille francs de rentes. Voilà de quoi les hommes devraient s'occuper. Mais, comme il y en a beaucoup qui seraient exclus des examens, ils ne le font pas.

Il faudrait des études sérieuses et profondes, et alors plus d'égalité possible. Le talent leur fait peur. Ils parlent de l'instruction, mais c'est de l'instruction superficielle qu'ils propagent. Car, pour qu'un homme soit instruit il faut quinze ans d'études. Qui donc travaillera ? Calculez donc le temps que les enfants vont rester à l'école et voyez si malgré cela vous trouverez assez de bras pour que le pain coûte vingt centimes la livre, les pommes de terre dix centimes ou cinq. Avec cela la moitié de la population sous les armes et vous verrez votre route toute tracée vers le chaos. Mais calculez donc avant de décréter, prenez une balance et réfléchissez. Mais, bah ! Après moi le déluge, disent la plupart. Oui, voilà l'amour de l'égalité. C'est le despotisme personnifié, c'est l'esclavage, c'est dire au paysan : « Tu as besoin de ton fils pour t'aider à tes travaux, tu n'en es pas le maître. La loi le veut docteur, ensuite soldat. » C'est dire à la bonne villageoise : « Tu as besoin de ta fille pour t'aider à soigner ton ménage, pour traire tes brebis, soigner tes poules. Il faut qu'elle aille à l'école jusqu'à quinze ans, ensuite, la ferme lui répugnera, elle aura peur de se salir les doigts, tu n'auras plus de fille. Elle désertera la ferme, elle sera modiste, lingère, et puis autre chose dont tu rougiras, tu n'as plus de fille. » Les radicaux vont s'écrier :

« L'étude c'est la dégradation »; parce que ces

messieurs ne raisonnent pas ; aussi allons-nous répondre : « Ou testa ou testonni », comme disent les Italiens. Cela veut dire qu'il faut être ou bête, ou savant pour être heureux, et comme la plus grande chose que nous ayons sur la terre c'est le bonheur, les hommes influents devraient chercher le bonheur et non leur ruine. Nous venons de dire tout à l'heure que pour instruire un homme il faut quinze ans d'études, par conséquent il est impossible que tout citoyen passe quinze ans sur les bancs du collège. S'il n'est savant qu'à demi il sera toujours à charge à la société et l'homme des champs n'a pas besoin de science pour être heureux. Il n'a besoin que du commerce pour bien vendre ses denrées et de la foi pour l'aider à supporter ses fatigues et ses revers. N'ayez crainte, il n'a pas besoin d'être mathématicien pour compter ses sacs de blé si la récolte est bonne. Ne le chargez pas d'impôts, respectez-le, laissez-le libre ; mais laissez-le chez lui, facilitez-lui tous les moyens possibles de s'instruire, mais laissez-le libre de le faire selon son goût. Etablissez des écoles partout, mais rien de forcé, car il n'y a plus de paix possible, ni de bonheur avec la force.

Nous n'avons qu'un but, faire du bien. Voilà le rôle que tout écrivain devrait jouer : instruire ou moraliser. Pour instruire, comme nous le disons plus loin, il faut être instituteur ; pour moraliser, il faut être vertueux, et dans le siècle où nous sommes la vertu est rare. Si les choses vont leur train, c'est-à-dire s'il ne survient pas des créateurs, les démolisseurs pourraient bien faire du chemin. C'est le juste milieu qu'il faut traiter, c'est la raison et la logique. Voilà notre désir, notre travail de six ans, nos peines et nos privations. La prison et les geôliers, tout cela sera oublié si nous avons fait du bien à nos semblables. Ceux qui nous ont fait un crime de nos sentiments ne nous connaissaient pas. On confond souvent le sentiment et le romanesque, il y a un abîme aussi grand entre ces deux mots que parmi ceux qui veulent détruire la religion sans réformer les abus que les siècles ont amenés, aussi bien qu'entre ceux qui veulent la conserver intacte, même avec de nouveaux abus, sans la réformer Que tous les hommes de cœur se donnent la main et qu'ils sont frères. On a vu que le nom de la liberté, l'instruction obligatoire et laïque est décrétée. Mais, messieurs, vous êtes en contradiction avec la logique. Supprimez ce mot. Dites : au nom de la loi, au nom de la force, et vous serez conséquents avec vous-mêmes. Ne donnez rien aux prêtres, si vous voulez comme nous disons plus loin, mais vous n'avez pas le droit de violer leur domicile. Vous n'avez pas le droit de les expulser. Vous n'avez pas le droit de les empêcher d'instruire les enfants qui vont à eux, sinon, c'est le règne de la force. Vous proclamez la liberté de conscience et vous voulez forcer les hommes à être athées ! Si vous parlez au nom de la liberté, vous devez respecter tous les citoyens, n'importe leur doctrine. Surtout ne pas les forcer, ne violez pas la liberté qui doit être sacrée. La liberté ! nécessaire à tout être qui respire. La liberté doit être la base de toute institution divine ou humaine.

Proclamez la liberté, la fraternité dans tous les coins du monde, mais rayez le mot *égalité* des dictionnaires des langues. Si la liberté est un bien et un droit, l'égalité est un abus nuisible à la société et en particulier à chaque citoyen.

* *
*

Bruxelles, ce 23 janvier 1873
Prison des Petits Carmes.

Je ne puis passer sous silence ce nouvel emprisonnement. Je le dois à la vigilance de M. Berden, administrateur de la Sûreté publique. Partie à Lille le 16, expulsée par lui, ayant tout laissé chez moi en désordre et revenue sans son aveu ; Son Excellence m'a fait enfermer comme le plus grand des conspirateurs. Mon malheureux livre m'aura plus coûté de larmes qu'il ne tient de pages. Le verrai-je paraître ! me voilà encore à douter de la vie à la mort ! Que vais-je devenir ? Je l'ignore. J'ai le cœur brisé. Samedi soir, je serai de nouveau à Lille. Que vais-je faire ? Je l'ignore. Peut-être y trouverai-je la mort. N'importe, je dois lutter encore, lutter toujours. Pauvre femme ! Poète, depuis plus de six mois, je ne chante plus, ma lyre est brisée. Le destin me sera-t-il toujours inexorable ? Je ne puis le croire. Je vais me coucher encore deux fois sur ce triste lit où je ne dors qu'avec des rêves affreux. Comment dormir avec de pareils tracas ? Quand rien ne vous sourit et ne vous dit : à demain. Seule, toujours seule, et des souvenirs poignants et vivaces, des fantômes du passé qui me disent à chaque instant : « Tu n'as plus rien que des lambeaux de ta fortune ! Plus que des tombes à qui porter tes plaintes, et où peut-être ne reste-t-il plus rien de nous ». Je m'arrête dans mes réflexions sinistres avec l'espoir de commencer un autre livre dans une situation plus gaie.

*
* *

Lille, le 10 février 1873
Hôtel de l'Europe

« Quand la mort vient à nous frapper de destruction,
« comment les rapports attachés à notre existence pour-
« raient-ils survivre encore, après nous ? Le supposer
« serait une illusion véritable. C'est transmettre au néant
« les qualités de l'éternel. »

MIRABEAU

Aussi, si nous travaillons constamment, est-ce

plutôt pour notre propre satisfaction que dans le but d'aller à la postérité.

L'homme de bien est doublement heureux quand sa conscience lui répète : « Tu as rempli ta tâche dignement. » N'est-ce donc rien d'éclairer ceux qui marchent dans les ténèbres, que de moraliser les sots, de blâmer et condamner le vice. Si les palmes que gagne le poëte ne viennent pas couronner mon front j'aurai toujours une auréole, ce sera celle du malheur et d'avoir soulagé mes semblables.

Il faut avoir le cœur bien haut placé et bien généreux pour tracer les mots que nous venons de lire : faire du bien à ses semblables ! Hélas, qui m'a fait du bien à moi ? Ai-je jamais passé un jour sans qu'on m'ait dit un mensonge ; ai-je jamais eu un ami sérieux ? Non, je ne puis le dire ! Que va-t-il m'arriver de nouveau. J'ai l'âme oppressée ; je sens un poids qui m'écrase.

Comment vais-je quitter cet hôtel ? Me serais-je jamais doutée d'être traitée en homme politique ? A chaque feuille de route que je recevais, je prenais cela pour le caprice d'un homme entêté, mais qui finirait par se lasser de poursuivre une femme, de mon genre surtout. Qui m'aurait dit que je ferais le trajet de Bruxelles à Lille, accompagnée d'un brigadier de gendarmerie, et à mes frais encore !

Voilà le siècle de progrès, de civilisation, de

liberté, emprisonnant la pensée, poursuivant une femme poète comme le plus grand conspirateur du monde. On dit la Belgique libre, hospitalière, mot aussi vide de sens que celui de patriotisme des députés de Versailles.

On crie « liberté » à tue-tête, et nous marchons absolument comme des écrevisses, c'est-à-dire en arrière. Nous faisons de rapides progrès vers l'esclavage, et nous vantons la liberté. Pauvre xixe siècle ! Il n'y a absolument que les machinistes qui marchent en avant. Hors de là, tout rétrograde, juges, magistrats, littérateurs, législateurs, nous allons tous à reculons.

Pauvre *Marseillaise de la Commune*, m'aura-t-elle coûté assez de larmes. Je me demande qui je suis parfois. J'ai peur de moi, voilà trois fois qu'on me traîne en prison comme le plus grand scélérat.

Je n'ai cependant pas encore mis mes chefs-d'œuvre au grand jour. Soyez modeste, me dira-t-on. — Eh bien, non, je sais, je sens que j'en ferai. — Ferez-vous de l'histoire ? — Oui et non ; mais je ne chercherai pas dans les vieux bouquins. Je trouve qu'il y a assez de chercheurs des siècles passés ; à chacun sa tâche, moi j'ai toujours à dire du mien. Les hommes et les choses ne vont guère mieux qu'autrefois. — Vous moraliserez donc toujours ?

— Sans doute ! Eh, trouvez-vous que nous ayons assez de morale ? Non, messieurs, non !

Bossuet a prêché la morale. D'autres aussi qu'il est inutile de citer. Mais Bossuet a fait la morale pour les précepteurs et les riches, il n'a pas songé que la société ouvrière a besoin d'une morale pratique. Il y a plusieurs sortes de morale, régler le coucher et le lever d'un prince, c'est très facile ! mais pour prêcher la morale salutaire au peuple, il faut le connaître ; pour lui dire : dirige-toi de telle façon, il faut savoir s'il le peut, il faut connaître ses besoins et ses faiblesses. Un homme de cour ne peut pas moraliser le peuple. Il n'a pas souffert avec lui, il n'a pas pleuré. Il faut avoir été aux prises avec la misère pour savoir la combattre et pour savoir la supporter patiemment et dignement, il faut avoir au cœur quelque chose de plus que le vulgaire. Ce quelque chose la nature ne le donne pas à beaucoup. Ceux qui le possèdent contractent un devoir envers la société, c'est d'enseigner les ignorants et de donner la force et le courage aux faibles.

Pourquoi ne dirions-nous pas fièrement que nous avons ce droit et que le destin propice nous a mis à même d'étudier et d'approfondir toutes les classes de la société. La fatalité nous ayant fait rencontrer toutes les embûches, il a fallu les combattre, voilà pourquoi nous moraliserons. Parce que si nous ne disons : « Dieu nous en a donné le droit », nous ne disons pas si c'est l'intelligence. Nous ne discuterons pas si l'intelligence est Dieu, ou vient de Dieu, à d'autres ce problème. Si Dieu n'existait pas, a dit un grand homme, il faudrait l'inventer.

Laissons-le donc exister sous n'importe quelle forme, le monde est trop grand pour que cet Etre infini puisse être représenté par les hommes de différentes races sous la même couleur. Il y a une chose absurde du côté du catholicisme, et que personne n'a jamais discutée ; nous allons tâcher de l'éclaircir comme nous la sentons, c'est-à-dire avec notre cœur.

Dans chaque nation il y a une forme différente de gouvernement, empereur, roi, président, sultan, aucun n'a la même manière de gouverner. Les sujets de toutes les nations voient et connaissent les chefs, rarement ils en sont contents, pour ne pas dire jamais. Comment peut-on admettre que Dieu, qu'on n'a jamais vu qu'en songe, pas plus Moïse que d'autres, et qu'on ne verra probablement jamais, comment admettra-t-on, disons-nous, que Dieu doive être reconnu comme identique par les hommes de toutes races, et de partout ?

C'est peu connaître la race humaine ; nous nous étonnons que les savants missionnaires aient eu la simplicité d'aller en Chine et plus loin dire : « Adorez mon Dieu et brisez le vôtre. » Si l'unité peut et doit être prêchée partout, c'est l'unité de la morale et de la vertu.

De tous temps il y a des grands hommes désignés (pas les demi-savants) pour prêcher la morale. Il suffit d'un grand cœur, d'être vertueux et bon. Pour propager un dogme quelconque il faut être exalté, fou, ou fanatisé, et de plus, dénaturé. L'homme vertueux n'a pas besoin de dogme pour instruire, il n'a besoin que du livre de la nature. Si les hommes ont toujours existé sous n'importe quelle forme, et nous le croyons, la morale doit être aussi ancienne que le monde. Vouloir faire admettre un homme, en croix, comme Dieu, partout, c'est de la témérité. Qu'y a-t-il de divin à voir, un homme en chair et en os, sur une croix ?

La vue en est blessée, le cœur se soulève, et nous nous demandons comment tant d'hommes de génie n'ont pas eu la noble inspiration de faire voiler les formes corporelles et d'inventer un Dieu divin et non crucifié. C'est se faire une bien petite idée de la puissance de Dieu que de s'incliner devant sa cruauté. Nous nous faisons une autre idée de la divinité, et nous préférerions la nier que l'insulter. Dieu ne peut et ne doit être pour rien dans les combats, dans les meurtres et guerres atroces. Nous sommes surpris que les législateurs n'aient pas rayé du Code civil et criminel, le mot « *Dieu* ». Parler au nom de la loi, rien de plus rationnel. Pour parler au nom de Dieu il faudrait qu'il nous dirigeât et qu'il se montrât ; alors, il n'y aurait pas d'injustices. De toutes les façons, nous n'avons pas besoin de lui pour nos affaires corporelles. L'homme a besoin de la pensée de Dieu, mais lui attribuer les balourdises de l'humanité, c'est vraiment pitoyable ! Si Dieu protégeait une nation plutôt qu'une autre, il faudrait le renier. Semblable hypothèse serait absurde ; de quoi donc s'occupe-t-il alors, de tenir la boussole ? C'est tout ce que le bon sens et la logique peuvent lui attribuer. Il n'y a donc rien après nous? Voilà une question indiscrète. Comme moraliste, nous répondrons : « Qu'il faut agir et vivre comme s'il y avait des récompenses pour les bons et des privations pour les méchants. »

Notez que nous ne disons pas : « châtiments », Dieu ne devant, ni châtier, ni punir, mais séparer les bons d'avec les méchants. Les hommes qui font le mal n'offensent pas Dieu par leurs actes vils. Pourquoi Dieu les punirait-il ? Que peuvent faire à Dieu les crimes des hommes ? S'il ne les empêche pas c'est qu'il ne le peut ou ne le doit pas. Les hommes sont donc responsables et, si tout ne meurt pas après nous, il est certain que Dieu nous placera chacun à notre place. C'est à nous à mériter la plus digne, et si tous les hommes avaient cette ambition il est plus que sûr qu'ils ne s'égorgeraient pas pour la gloire de Dieu. Si les hommes n'étaient pas fous les autodafés n'auraient jamais existé. Mourir pour un Dieu quelconque m'a toujours paru stupide. A l'âge de quatre ans je ne voulus pas baiser le Christ, ne voulant pas croire que c'était là Dieu. Quant à la damnation éternelle, à l'âge de huit ans, je répondis au catéchisme, à M. le curé de Lyon, qui me menaçait de l'enfer :

— Vous plaisantez donc, monsieur le curé ? S'il y avait un enfer il y a longtemps que vous y seriez, car vous êtes un méchant homme, mon oncle me l'a dit.

Je fus chassée du catéchisme et de la pension où j'étais. J'étais folle, selon la prêtraille et les nonnes.

Passons à autre chose. De nos jours des milliers d'hommes se creusent l'esprit pour discuter la divinité. Ce n'est vraiment pas la peine ; puisqu'elle nous laisse faire à notre guise, c'est que nos plaisirs ou nos maux lui importent peu. Dans mon livre de morale je dis : « Que la femme a besoin de croire et l'enfant de prier. » Je le répéterai ici. De la prière à la foi il y a un abîme, en présence des turpitudes suivies par telle ou telle religion. Les plus anciens législateurs s'occupaient des lois et de la morale. Aujourd'hui nous tombons en enfance et tous les grands hommes ont la mauvaise manie de ne savoir pas faire un couplet, sans que Dieu ne soit mêlé à leurs saturnales. Réellement, c'est à faire pitié. Dieu ! toujours Dieu ; le scélérat jure devant Dieu, serment assez comique. Mais, bah ! depuis le plus grand jusqu'au plus petit tout le monde dévie. C'est singulier comme nous sommes logiques et conséquents avec nous-mêmes. Dieu bon ! Dieu juste ! etc., etc., et nous l'initions à nos amours coupables, à nos pertes, à nos crimes. Pauvre humanité !

Si Dieu pouvait quelque chose sur nos faiblesses, et si réellement nous étions faits à son image, ce serait déplorable ! Nous avons un peu la maladie des savants, nous croyons plutôt que ce sont les hommes qui inventent Dieu à leur image, que Dieu n'a créé l'homme à la sienne. Si nous descendions en droite ligne de l'Eternel, il n'y aurait pas tant de bossus.

Quel est l'homme assez simple pour se croire à l'image de Dieu, quand il est au lit, près de sa femme, ou à table ?

Un jour, je vis tomber un homme d'un échafaudage. Je traversais la rue Royer-Collard ; c'était un lundi. Cette rue aboutit à la rue Saint-Jacques, à Paris.

J'ai une bien mauvaise habitude, c'est de marcher quelquefois sans savoir où je vais. Ce jour-là j'étais probablement plongée dans mes réflexions, lorsque ce malheureux maçon est tombé à mes pieds. Tout le monde a crié, les femmes surtout. Je n'ai pas bougé de place et je me suis empressée de le relever, ou plutôt d'aider à le relever, car c'était un homme robuste. Sa tête était sur mes robes. J'étais couverte de sang, je ne le voyais pas. La Police est arrivée. On m'a priée d'entrer chez le pharmacien avec le blessé, ou plutôt le cadavre. Ce brave homme avait eu le temps de me dire : « Madame, j'ai des enfants. » Le docteur, dont j'ai oublié le nom, envoya quérir un prêtre. Le prêtre arriva bientôt parce que ce brave homme logeait près de son église. Il avait cinq enfants. Eh bien ! ce vénérable prêtre eut la naïveté de dire à sa femme :

— Soumettez-vous à la volonté de Dieu.

— Monsieur le curé, ai-je dit, le moment est bien mal choisi pour parler de la divinité et surtout de sa bonté. Il est donc bien cruel votre Dieu ? C'est un piètre sire que Dieu, s'il a permis que cet homme fasse une chute semblable. Si réellement vous n'avez pas d'autre consolation à donner aux orphelins vous deviez rester chez vous.

— On est venu me chercher.

— Alors, monsieur le curé, ne dites pas de bêtises. Aidez la femme, placez les orphelins, tâchez de leur apprendre à éviter l'ivresse, afin qu'ils ne fassent pas de faux pas sur une échelle. Mais, si vous invoquez Dieu, donnez-lui donc une autre mission !

— Qui êtes-vous ?

— Je suis moi.

Et tout fut dit.

J'ignore ce qu'il a fait, mais il était tout contrit.

Ils sont si peu habitués à entendre de pareils sermons, que je veux croire que si les hommes étaient moins bêtes, les prêtres seraient plus logiques et plus humains. Mais tant que le monde sera monde, et il durera probablement toujours, il marchera à peu près la même chose : progrès ou décadence. Pourquoi travailler, dira-t-on ? Eh ! mon Dieu ! Pour que le monde soit meilleur, il faut le contre-poids en tout et partout ; à chacun son rôle. Nous devons espérer cependant que l'avenir sera plus serein, c'est le rêve de tous ceux qui travaillent à soulager les maux de l'humanité.

***

Le 15 février 1873.

D'où vient qu'il y a des hommes qui passent leur vie à soulager leurs semblables et qui n'ont qu'un but : faire le bien, tandis que d'autres ne font absolument que le mal ? Nous sommes du premier nombre et par moments nous disons en nous-même : la satisfaction de remplir sa tâche dignement est quelque chose sans doute ? Mais, si l'homme de bien croyait à Dieu, sa satisfaction serait double. L'homme, quel qu'il soit, fait toujours le bien par calcul. L'un, c'est l'ambition, l'autre la gloire, cet autre l'orgueil. Qu'on ne nous dise pas le contraire. L'homme serait dieu s'il faisait le bien uniquement par amour du prochain. C'est une maxime sublime que celle qui nous dit : « Fais à autrui ce que tu veux qu'on te fasse. » Les catholiques s'en sont emparés, comme si elle venait du Christ. Hélas ! Jésus si grand qu'il soit, n'a rien dit, rien absolument, rien que d'autres n'aient dit avant lui. Xénophane, Anaxagore, et tous les anciens Perses, Grecs et Romains ont tracé les mêmes préceptes, et quand les savants de nos jours, ou plutôt nos philosophes, disent qu'il n'y a rien de nouveau sous le soleil, ils disent vrai. Vais-je comprendre maintenant pourquoi les prêtres ne veulent pas de l'instruction ? En effet, si les hommes étaient tous instruits, le catholicisme serait mort. Toutes les religions, depuis les siècles connus, ont eu leur Vierge et leur Dieu, et chaque secte croit le sien le plus puissant. Les lois qui régissent l'humanité ont toutes la même base : le bien. Quand les législateurs dérogent, c'est qu'ils ne sont plus que de simples mortels. Celui qui dirige les autres a besoin du souffle du génie. Lors, rarement, il suit un homme du berceau à la tombe, c'est pourquoi les législateurs ou les diplomates, après avoir créé des chefs-d'œuvre, souvent dérogent ; la vanité les entraîne et ils ne veulent jamais convenir de leur décadence.

Ils se croient immortels. L'homme intelligent est si fier de soi qu'il ne veut pas déroger. Voilà, précisément, ce qui détruira toujours l'édifice bâti sous l'inspiration du génie. L'homme ne veut point avouer sa faiblesse. Son front se ride, ses cheveux blanchissent, sa taille s'incline, mais il ne conviendra jamais que son cœur a vieilli. Si jamais proverbe a menti, c'est bien celui qui dit : « Le cœur n'est jamais vieux. » Demandez donc de l'amour à un vieillard, de l'ivresse, du délire et de la fièvre, il vous donnera des glaçons. Les sens se fatiguent, mais ne croyez pas qu'il en est ainsi de mon esprit. Oh ! pauvre faiblesse humaine ! Si la fable qui nous dit que la vanité a perdu le premier homme n'est point vraie, elle est cependant mise en pratique chaque jour et elle le sera jusqu'à la fin des siècles, si les siècles doivent finir. Les hommes intelligents feront toujours ce que Xénophon, Xénophane, Anaxagore et plus tard Platon et Aristote ont fait. Ils se creuseront l'esprit pour savoir qui a fait le monde et ils arriveront toujours par le raisonnement de la science à dire : il n'y a que la matière d'éternelle.

C'est malheureux, car pour supporter le fardeau de nos peines, de nos douleurs et de nos pertes les plus chères, il nous faudrait au cœur quelque chose de plus que ce froid raisonnement. La science, selon moi, tuera la vertu et l'espérance. Quand on n'espère rien au delà de la tombe, la vie est si peu de chose que le jour où tous les hommes auront perdu la foi et l'espérance le vice n'aura plus de frein. Si l'homme peut se dire : rien après

moi ne souffrira, rien ne me récompensera — à
quoi bon tant de luttes ! Nous traçons le pour et le
contre, car dans chaque nouveau principe, il y
a le bon et le mauvais côté, la logique et l'incontestable. Plus l'homme sera instruit, moins il
croira. S'il est tout à fait instruit, il ne croira plus
du tout. S'il est riche il vivra en brute, foulant à
ses pieds tout sentiment ; s'il est pauvre, il n'aura
que haine et que fiel, car la vie pour le travailleur
a si peu de charme que, s'il ne croit pas au ciel,
il peut assassiner son voisin par ennui.

Les hommes qui se disent les protecteurs de
l'humanité ont-ils réfléchi aux réformes sociales
qui s'opèrent depuis quelques années ? Sans doute
que non ! car toute l'Europe demande le progrès
et l'instruction qui doivent être la destruction du
genre humain. On nous a dit souvent que nous
n'étions pas logique. Eh bien ! qu'on nous permette de répondre, car c'est précisément parce
que nous sommes trop logique qu'on ne nous
comprend pas. Les hommes compétents et savants
n'admettent qu'une opinion, et cependant travaillons-nous pour nous ou pour la société ? Alors, il
faut une opinion pour chaque individu que nous
moralisons ou instruisons. Ce qui est salutaire à
l'un est nuisible à l'autre. Ce que j'admets pour
moi ne peut convenir à mon voisin, il ne peut me
suivre sur ma route. C'est cependant la vraie
logique ! mais non ! vous êtes blanc, dites toujours

blanc, etc. Voilà l'erreur et la faiblesse des hommes, toujours des personnalités ! Si je suis logique pour mon propre compte, il est plus que probable que ma logique ne pourra être mise en pratique que par un même individu. Faire un livre tout à fait logique c'est ne traiter qu'un seul et unique sujet et nous nous sentons incapable d'une telle constance, traiter la même chose pendant quatre ou cinq cents pages.

Voilà qui n'est bon que pour un monomane ou un fanatique. Or, nous ne sommes ni l'un ni l'autre et nous n'admettrons jamais qu'on puisse barbouiller cent volumes pour ne rien dire. Ecrire quarante, soixante volumes, c'est une manie, mais pas une science, encore moins un art. Laissons cela, à chacun son rôle. Il en est des écrivains comme de tous les individus, il est bien plus difficile d'être soi que de suivre les autres. Pour copier il ne faut que du temps, de la mémoire et de la patience, tandis que pour créer il faut sentir et posséder le feu sacré. Il faut des copistes, mais pour le quart d'heure le nombre en est tellement grand que depuis vingt ans il ne paraît pas un livre nouveau. Si les hommes lisaient davantage les anciens, ils n'achèteraient pas les nouvelles feuilles ne contenant que des vieilles maximes ; respect à tout ce qui existe, le connaître, oui, le voler, jamais.

Que de petits se disent auteurs parce qu'ils ont

traduit une page d'Horace et une de Virgile. Le mot auteur doit avoir bien du charme pour qu'il y ait tant d'hommes qui usurpent ce titre sacré sans aucun droit.

* * *

Lille, ce 20 février 1873

Hôtel de l'Europe. Si je ne vais pas à la postérité ce ne sera pas la faute de la Sûreté publique belge. J'ai demandé la permission de traverser le royaume de M. Berden, car c'est réellement lui qui tient les rênes de l'Etat. Eh bien ! elle m'a été refusée. Peut-être qu'en quelques heures j'aurais pu soulever la population. Je suis sûre que Mirabeau conspirateur, révolutionnaire a reçu moins de feuilles de route que Mme Faure de Castellane. Malgré ma force de caractère il y a des moments où je faiblis, la femme alors domine l'auteur et la mort ne me ferait pas pâlir.

Assez causé de moi. Depuis quelque temps je lis peu les journaux, cela fait que je n'ai rien dit sur la nouvelle loi, relativement au travail des femmes. On m'en a fait un crime et me voici prête à réparer cet oubli. Je crois cependant avoir traité ce sujet dans mon livre de morale et critique.

J'ai trop parlé et mon compte-rendu sur les

nouveaux décrets relatifs à l'instruction des femmes s'est envolé. Je ne sais plus quoi dire de leur décision, mais en revanche je dirai la mienne. Et si je ne délibère pas aussi longtemps que messieurs les députés de Versailles, je crois être plus pratique en m'occupant des détails. Et, étant observateur et à même d'apprécier par moi-même, je serai peut-être plus utile.

L'homme, dit Voltaire, a son libre arbitre. Mais rien de plus absurde que cette maxime, car il ajoute : « L'homme n'est pas libre de pouvoir ce qu'il veut, et n'est pas libre de vouloir ce qu'il peut. » Pourquoi donc parler du libre arbitre, puisque nous ne pouvons appliquer cette maxime qu'aux choses possibles ? Donc nous ne sommes pas libres de vouloir, car notre volonté a souvent des bornes infranchissables. Nos petits législateurs sont peut-être savants, mais la plupart sont personnels. Or, pour décréter une loi quelconque, il faut avoir des idées générales, des connaissances générales, et pour parler de l'instruction des femmes il faut d'abord connaître leur ignorance, et elle est si profonde qu'ils n'ont pas le temps de les étudier. Il faut connaître leurs penchants, leurs faiblesses, et comme il n'y a jamais eu un mari qui a pu connaître le fond de la pensée de sa femme et que la plupart des légistes se figurent juger le monde entier par leur intérieur, ils ne décrètent que des lois personnelles. La femme, pour la connaître, il faut d'abord être femme, beaucoup voyager et beaucoup observer. Ce n'est pas dans les livres que vous apprendrez à connaître les femmes, c'est dans leur intérieur, dans les salons ; c'est en voyant passer la grande dame du lit de l'adultère au confessionnal, c'est en la voyant mentir impunément à l'autel, à ses enfants, à son époux, et la voyant ensuite, tranquille et souriante comme un ange de vertu. C'est en voyant la jeune fille chaste et pure, trompée par un séducteur. C'est en voyant la noble ouvrière trahie par un dandy blasé ; c'est en voyant ces nobles femmes gagnant leur pain dans des ateliers ou filatures, au prix de leur santé. Ces femmes bourgeoises travaillent dix-huit heures par jour. Pour cela il faut les connaître. C'est très facile de dire : faites telle chose ; mais la plupart des donneurs de conseils ne se demandent pas s'ils pourront être suivis. Je n'ai jamais donné de conseils à personne, quand je n'ai pu mettre en main un plan tracé et possible. Quand il y a de l'argent à donner par exemple, à quoi bon conseiller, si l'on ne peut ouvrir sa bourse ? C'est faire souffrir autrui que lui conseiller l'impossible, c'est se moquer de la nation que décréter des lois qui ne peuvent pas être suivies par les citoyens.

Lille, le 20 mars 1873

Je causais l'autre jour avec le supérieur des Dominicains de Lille, et en parlant de ma carrière, je lui dis que la fatalité nous entraînait souvent sans nous laisser le temps de la réflexion.

— La fatalité, a-t-il répliqué. Je n'ai jamais rencontré cette bête-là.

— Tant mieux, mon Père. Vous avez donc toujours été heureux ?

— Oui, a-t-il répondu, je suis catholique, ajoutez Romain ! et je mets tout au pied de la Croix.

— Au pied de qui ? de la Croix ! Vous vous méprenez, mon Père ; je ne suis pas un enfant.

— Vous ne croyez pas à la Croix ?

— Je crois à celui qui est mort dessus, mais comme homme, et sa mère est une femme qui a fait ce que toutes les mères dévouées font et feront. Vous l'insultez en le croyant Dieu.

— Comment cela ?

— Parce que Dieu n'a pas besoin d'en faire mourir un autre pour châtier les hommes, c'est un moyen infâme. Si Dieu était aussi cruel il faudrait se liguer contre lui. Du reste, mon Père, vous ne devez pas croire un mot de tout ce que vous débitez.

— Si je ne croyais pas, je quitterais l'Ordre.

— L'habit n'y fait rien, c'est une mascarade comme une autre.

— La religion, une mascarade ?

— Des plus comiques.

— Pourquoi ne l'a-t-on pas détruite ?

— Par la seule raison qu'il en est des religions comme des empires, chacun son tour. Une fois la religion catholique détruite, il surgira quelque illuminé qui en forgera une autre, qui viendra du ciel, comme Jésus, comme tout inspiré, une Vierge qui germera sous une fleur, comme la Vierge Maïa, etc.

— Croyez-vous à Dieu, au moins ?

— Oui et non.

— Qu'entendez-vous par là ?

— C'est qu'il faut une croyance pour les petits esprits et pour retenir les méchants de dominer les bons.

— Alors, ne renversez pas la foi.

— Je vous ai dit, mon Père, que je tolérais toutes les croyances, mais que je n'en approuvais aucune ; je ne puis que vous blâmer, je crois parler à un homme intelligent et non à un fanatique.

— Il faut cependant que je sois l'un ou l'autre.

— Peut-être ni l'un, ni l'autre.

— Que suis-je alors ?

— Un égoïste !

— Un égoïste, moi ?

— Laissez-moi dire ; moi qui ne crois à rien, je finirai mes jours dans un cloître. Pourquoi? par dépit ou par égoïsme, quand j'aurai cherché dix ans encore le bonheur sans le rencontrer.

— Je comprends. Moi je suis entré jeune dans les ordres.

— C'est qu'on vous a farci l'imagination de la Vierge Marie, de son chapelet, etc.

— Par exemple, rien n'est plus vrai.

— Et maintenant, je vous l'ai dit, vous y restez par égoïsme.

— Comment l'entendez-vous ?

— Parce que dans le monde les déceptions nous abreuvent, il faut lutter, souffrir, et vous redoutez la douleur.

— Donc, je suis un poltron.

— Je ne dis pas cela.

— Je suis allé sur le champ de bataille.

— Mais, c'est par ostentation ou fanatisme.

— Vous êtes dans l'erreur.

— Non pas ! Je reviens à la négation d'un être qui nous dirige.

— Pardon, vous m'avez dit, madame, que vous lisiez les anciens Pères de l'Eglise et les savants.

— Rien n'est plus vrai.

— Et vous niez l'existence de Dieu ?

— Je ne nie pas formellement, mais je n'affirme pas non plus.

— C'est insensé.

— Du tout. Veuillez me permettre quelques questions ?

— Faites.

— Vous croyez à Dieu ?

— N'en doutez pas !

— Par conséquent au ciel et à l'enfer, par la seule raison que vous croyez que son existence soit utile à quelque chose. Que fait-il, selon vos croyances ?

— Il dirige le monde.

— Erreur ! erreur ! mon Père, erreur ! Vous admettez la science ?

— Oui.

— Vous savez les paroles de Galilée avant de mourir. *E pur si muove !*

— Je sais cela.

— Y croyez-vous ?

— Oui.

— Vous savez que la science nous démontre que la terre est ronde ?

— Oui.

— Où donc alors placez-vous votre Dieu ?

— Comment, où je le place ! mais nulle part et partout.

— Raisonnons, mon Père. Si Dieu dirige le monde, il lui faut une place ; s'il le dirigeait, d'abord, la boule n'aurait plus de chocs, il n'y aurait plus de tremblements de terre, d'éruptions du Vésuve, etc.

— Vous allez trop loin !

— Du tout, nous allons prendre une mappemonde et nous allons visiter les cinq parties du monde. Quand nous l'aurons bien étudiée, nous verrons que nulle part il n'y a place pour l'enfer, ni pour le ciel, ni par conséquent pour Dieu. Cependant, il faut une crainte, fort bien ! Dites-moi qu'il faut qu'il y en ait un et disons avec Voltaire, ou plutôt dites, car je ne puis dire comme vous : Eh bien ! si Dieu n'existait pas, il faudrait l'inventer.

— Vous voulez dire par là qu'il croyait à un être suprême.

— S'il l'a affirmé, mon Père, c'est que la science, à l'époque, n'était point encore aussi claire qu'aujourd'hui. Mais, puisque les savants n'ont pas trouvé de place pour cet être infini, c'est qu'il habite en dehors du globe, et moi qui ne suis pas du tout de l'avis des croyants, malgré moi, je vous répèterai : « Il n'y a d'éternel que la matière, il n'y a de vraie religion que la religion naturelle, de vraie morale que celle qui s'adresse à tous. »

*

Genève, 17 avril 1873.

Depuis trois jours que je suis en Suisse, je n'ai pas tracé une ligne. J'ai admiré le lac, mais son immobilité ne m'inspire rien. Ces hautes montagnes couronnées de neige me donnent froid au cœur, j'aperçois bien des villas fleuries, mais quand on est accablé de peines, quand on souffre, rien ne paraît beau. Je commence à croire que pour les grandes infortunes il faut le bruit des grandes cités ou le calme des champs. Ici, rien de tout cela, ce n'est ni l'un ni l'autre.

Quant aux mœurs des habitants de la Suisse elles sont trop douces pour moi. J'aime le bruit, les soldats, la retraite des troupiers, le soir, la musique militaire. Ici, rien de tout cela. Les hommes sont aussi calmes que les lacs. Pour l'homme fatigué des plaisirs ou des affaires, Genève doit lui faire l'effet des douches sur la tête d'un fou. Celui qui n'a pas de Julie ou qui n'est pas blasé, je le plains.

Laissons les particuliers, la famille, les affaires, nous attachant au sol qui nous nourrit. Mais je ne crois pas qu'un Provençal, à moins qu'il ne soit avec sa maîtresse, puisse rester plus de quinze jours à Genève. Quant à moi, j'y suis venue pour l'édition de mon livre. Si je ne réussis pas à le placer convenablement, je m'en retourne et cette fois je renonce à la lutte, dans l'espoir de mourir bien vite dans un cloître. Avec celui que j'aime je vivrais dans un désert. Voilà pourquoi je n'ai jamais bien compris qu'on chantât plutôt son pays qu'un autre. Les grands hommes ont un grand tort : c'est d'être personnels. Je veux parler des lois et des mœurs de la Suisse, mais j'en parlerai avec ma raison et non avec mon cœur.

Un homme amoureux est toujours exagéré; voilà pourquoi ils devraient se taire; car le lecteur souffre trop de désenchantement à leur récit. Ce n'est point avec son imagination seulement qu'on peut faire un ouvrage sérieux, il faut avoir sa froide raison. En amour, il est si facile de faire un livre, le pays des chimères est plus facile à parcourir que celui de la réalité.

* *

Le 18 avril 1873.

Hier, j'ai voulu lire le *Contrat* de Rousseau. On m'a donné seulement le premier volume, traitant de l'origine de l'homme. Selon moi, j'entends, par contrat social, le devoir que chaque individu contracte envers son semblable. Pour cela il me semble qu'on n'a pas besoin d'écrire plusieurs volumes. Quand le bibliothécaire m'a annoncé ce chiffre je me suis sauvée à toutes jambes ! Voilà un contrat que je ne lirai jamais. Je ne puis pas comprendre qu'un individu, si savant et si intelligent qu'il soit, écrive plus de dix volumes. Le contenu de dix volumes étant suffisant, selon mes faibles lumières pour changer le monde entier et le ramener de la barbarie aux choses réelles et raisonnables. Et la preuve, c'est que la poussière seule ronge la plupart des livres, que nul lecteur ne lira jamais.

— Voilà qui ne prouve pas en faveur de l'espèce humaine.

— Je vous demande pardon, cela prouve au contraire, que les hommes vulgaires font la leçon à ceux qui se croient des génies. Pourquoi tant de pages qui ne signifient rien ou à peu près ?

— Vous arrangez bien les auteurs.

— Que voulez-vous ? On m'a souvent dit de faire une critique littéraire. C'est que ces personnes voyaient probablement de la même façon que moi puisqu'elles me chargeaient de les critiquer, puisque de tous les temps passés, présents et futurs, les ignorants domineront les savants, et il faut que cela soit ainsi. Il est donc inutile de faire des livres pour garnir les planches des libraires.

— Vous ne voulez donc pas que tout le monde soit instruit ?

— Je ne veux pas l'impossible.

— Comment l'impossible ?

— Sans doute ! Tous les hommes peuvent être vertueux, mais tous instruits c'est insensé même de le dire. Tous les hommes instruits c'est la décadence de l'intelligence.

— Vous avez une singulière façon de voir les choses.

— Si tous les grands hommes les voyaient comme moi, je suis persuadée qu'on ne verrait pas l'Europe occupée à l'invention des machines destructrices ; les chefs s'occuperaient à chercher le bien-être des peuples qu'ils dirigent et non leur destruction. Il y a même des savants qui vont jusqu'à dire que les guerres sont utiles et qu'il faut égorger des cent millions d'hommes pour faire place aux arrivants. Je n'approuve pas cet axiome, pas plus que celui de diviniser les hommes. La mère nature, quand ses enfants seront trop nombreux, soufflera bien un vent pestilentiel sans que les hommes aient besoin de se massacrer. Voilà pour le *Contrat social*, Jean-Jacques Rousseau est un grand homme, mais, sur trois cents Génevois, il n'y en a pas trois qui le comprennent et la preuve c'est qu'ils l'ont lapidé. Il a donc prêché dans le désert. Que Dieu me préserve d'un pareil sort !"

***

Genève, ce 10 mai 1873

J'ai lu l'histoire de Genève, et, comme l'histoire de tous les pays civilisés, le fanatisme domine. Pas tant de civilisation et un peu plus de morale. Fran çois Ier fait massacrer je ne sais combien de mille protestants, Henri IV leur pardonne et Louis XIV démolit l'œuvre du bon Roi. Bêtise sur bêtise ! et ainsi va le monde, toujours la religion en avant. Il semble impossible que des hommes ayant leur libre arbitre, passent leur temps en mascarades, c'est-à-dire : messes, processions, adoration, etc. Eh ! mon Dieu, pas tant de culte s'il vous plaît. Si l'on veut les abolir tous, c'est de ne pas faire attention à ces mascarades.

Celui qui parlait au nom de la déesse Raison était réellement un grand homme, voilà une divinité qui bien certainement ne ferait pas déroger les hommes. Quand donc la proclamera-t-on ?

***

Genève, le 12 mai 1873.

Je suis en proie à un découragement profond. Hier soir je m'étais couchée à onze heures dans l'espoir de dormir. A minuit et demi j'étais debout. Je croyais avoir dormi un siècle tellement mon sommeil était lourd. J'ai ouvert ma fenêtre, il faisait un clair de lune magnifique. Le clair de lune produit sur mon esprit une impression profonde, surtout quand je suis triste. Je n'avais pas regardé la pendule. En face l'Hôtel Métropole il y a un jardin, en le voyant silencieux je regrettais le couvent des Augustines où je pouvais rêver et courir dans les prairies avec mon chien. Comme il me serait doux de me reposer, de quitter cette lutte ! Hélas ! je ne le puis. J'admirais ce lac tranquille et silencieux. Au loin, j'apercevais des petites voiles qui semblaient glisser sur l'eau comme des mouettes, des petites barques quittaient le port, d'autres rentraient. Il y a donc des hommes qui travaillent toujours, me disais-je ! d'autres à qui la nature a tout donné et qui sont cruels et méchants.

Un peu plus loin que le pont du Mont Blanc il y a une chute d'eau qui ressemble à une cascade. Au milieu de la nuit le bruit en est assez agréable. J'aime le bruit et j'en ai toujours eu une grande frayeur. Quand je passe sur un pont, je tremble toujours. Que serait-ce si je devais voyager sur l'eau ? J'admirais ces villas silencieuses, cette ville endormie, ces châteaux qui abritent des gens heureux. Pourquoi n'ai-je rien moi ? Pourquoi n'ai-je plus d'asile, plus d'amis ? Forcée de braver le destin implacable qui semble me condamner à la lutte perpétuelle.

Quand j'ai entendu sonner la demie j'ai regardé la pendule. Une heure, me suis-je écriée ! et j'attendais le jour, pauvre femme ! J'ai marché dans ma chambre pendant le reste de la nuit. Ce que j'ai déjà souffert ! Ai-je versé des larmes amères ! A quoi sert l'intelligence puisque ceux qui la possèdent sont toujours la proie des imbéciles ! Mieux vaut être bête et insensible. J'ai tant souffert que je suis arrivée à maudire ceux qui m'ont donné le jour. Quand donc aurai-je fini de boire au calice d'amertume ? Je ne sais, mais je vois toujours mon soleil sombre.

*
* *

Genève, le 15 mai 1873.

Depuis dix jours je ne reçois rien et je compte les minutes. Mes poésies sont imprimées et on me retient ma prose. A qui dois-je croire ? puisque parents, amis, fiancé, tout me trahit. Déjà une fois, on m'a soustrait un manuscrit et toutes mes démarches et mes prières sont restées nulles. Je ne l'ai plus revu. En sera-t-il ainsi cette fois de mon travail de quatre ans ? L'homme qui porte des épaulettes et la croix sur sa poitrine et en qui j'avais foi, aura-t-il détruit quatre ans de mon existence sans trembler ? J'en ai peur ! Cet homme prie, croit et va à la messe, et celui qui est si facile en croyances est presque toujours lâche ou stupide. Je suis un peu comme Plutarque qui disait, en parlant de Dieu : « Celui qui nie la divinité ne l'insulte pas, celui qui affirme l'intervention de la divinité au commerce des hommes lui fait la plus sanglante injure. Certes, ajoutait-il, j'aimerais mieux qu'on dise qu'il n'y eut jamais de Plutarque, que si on disait qu'il y en eut un qui mangeait ses enfants. »

L'homme qui ne croit à rien est moins coupable que celui qui s'incline à tous les autels, excepté devant celui de la dignité et qui se fait parjure et sacrilège.

L'assassin qui tue sur une grande route est bien moins coupable que celui qui vous arrache par lambeaux affection et illusions. Je n'ai jamais compris qu'un homme, quel qu'il soit, puisse se laisser dire en face : « Vous êtes un menteur. » Si quelqu'un pouvait me traiter de menteuse et parjure j'aimerais mieux cent fois la mort. Que de fois ne l'ai-je cependant pas dit à d'autres !

**

Genève, ce 22 mai 1873

Quand on me dira que la Belgique ou la Suisse, ou toute autre nation, sont des pays plus libres que la France, je répondrai : « Mes amis, il n'y a point de pays libre au monde. » Tout gouvernement est personnel. Les Suisses crient bien fort :

« La liberté » et comme tous les autres peuples ils la violent tous les jours. Rousseau reviendrait ici qu'ils le lapideraient et lui brûleraient ses œuvres s'il parlait en libre penseur et socialiste. Il faut avoir un parti en Suisse ; comme partout les citoyens du monde sont mal vus ici, plus que partout. Vous n'êtes pas protestant, alors, anathème ! Sur vous, en ce moment, le Père Phaceint fait quelques sermons par ci, par là, qui n'ont pas le sens commun. S'il reste encore un mois il prêchera dans le désert. Et que prêche-t-il ? rien ! absurdités sur absurdités. Comprend-on qu'il y ait des hommes intelligents qui osent faire des cours pour une religion plutôt qu'une autre ? Il n'y en a plus qu'une, qui a toujours existé : c'est la naturelle.

A Genève, disions-nous, il faut avoir un parti.

— Vous n'êtes pas protestante ? me disait hier un banquier de Genève, dont j'avais besoin. Vous me donneriez vingt mille francs de garantie, je ne vous en prêterais pas deux mille.

— Je suis comme Jean-Jacques Rousseau, ai-je dit.

— Vous êtes libre penseuse ? Ah ! que je vous plains !

— Et les Juifs, les plaignez-vous ?

— Les Juifs ! s'est-il écrié, sont des gens maudits et les catholiques sont de pauvres gens.

— Et la religion des Chinois, la connaissez-vous ? Avez-vous lu le bouddhisme ?

— Dieu m'en préserve ! Je lis la *Bible*.

— Il faut alors, monsieur, que vous soyez bien ignorant ou bien fanatisé.

— Pourquoi cela ?

— Parce que la *Bible* est un tissu de mensonges.

— Vous osez ?

— Sans doute. Mais vous êtes bête, vous resterez bête. Moi, monsieur, j'aime tout le monde et respecte toute croyance, puisque libre penseuse ; je vous rendrai service à l'occasion.

Voilà des hommes ayant une position sociale, qui sont à la tête des affaires, membres du grand Conseil, etc., etc., qui raisonnent comme des lourdauds. Que sera le peuple dirigé par de pareils idiots ? Pays libre, où vous ne pouvez pas seulement dire votre opinion, où un libraire ne se chargera pas d'un livre, parce que vous professez un culte qui embrasse le genre humain entier, où même les citoyens de Lausanne à Genève doivent payer un permis de séjour, comme s'ils venaient du Japon. Je connais une fille de chambre, qui me disait l'autre jour qu'elle avait été en retard de deux mois. Elle a eu une amende de dix francs et un franc cinquante de permis, presque un mois de son travail. Voilà de l'oppression, de la tyrannie, dans un pays où le premier venu se donne des airs de maître d'école. Eh ! mon Dieu ! A quoi servent les grands mots si vous violez tous les droits ? Ils tolèrent les étrangers, mais c'est par calcul. Le sol est pauvre et ne produit point assez pour les nourrir. Si ce n'étaient les Anglais désœuvrés, les Américains ennuyés, ce seraient des pays mortels et froids comme le Mont Blanc.

Ces voyageurs vont partout, avec un livre en main, ils regardent sans voir, ils mangent bien, trop pour qu'il y ait place en eux pour tout autre sentiment. Il leur faut des hôtels splendides, où les salons sont éclairés, chauffés pour tous. Ils dérangent beaucoup les employés et ne les paient pas. J'ai questionné les domestiques, tous se plaignent de leur manque de générosité, ils sont traités comme des esclaves.

Quand un voyageur est généreux ils sont si reconnaissants qu'ils lui disent tout de suite : « Vous devez être Français. » J'ai passé un mois dans un des plus grands hôtels; j'étais servie par des Prussiens et des Suisses. Quand je suis partie tous m'ont regrettée. J'ai même vu des larmes. Pourquoi cela ? Je les avais traités avec douceur, mais, Russes, Anglais, Américains et Allemands les rudoient et les commandent comme des bêtes de somme. Voilà mes réflexions.

Les Suisses ne sont pas gais, on les dit hospitaliers. C'est par pure ostentation. Etant en petit nombre, ils veulent qu'on parle d'eux quand même, c'est une spéculation. J'ai lu leur histoire qui m'a serré le cœur. Ils sont guerriers à la façon des lions ou des gamins, comme les turcos, c'est-à-dire des bêtes féroces.

Lorsque Charles le Téméraire eut perdu la bataille de Moret, où il fut tué, les Suisses formèrent deux pyramides avec les os des Bourguignons. Ils se sont bien battus parfois pour leur indépendance, mais le fanatisme les a toujours dominés. Il suffirait de deux fous, comme M. Loyson, le Père Hyacinthe, pour les faire courir comme des moutons après le sel. Ils écrivent des sentences partout. Dans les villages on ne voit sur les portes que « le Seigneur garde par ci », « le Seigneur par là », etc., etc. Il ne garde rien du tout, mais qu'importe. Quand viendra le jour où les hommes adoreront le soleil ? On parle des idoles des païens, mais elles existent toujours. Catholiques ou protestants, tous sont des idolâtres. Quant à leur Constitution je ne l'approuve pas, c'est l'égoïsme personnifié.

S'il y a du bruit dans une ville, si un canton est agité par quelques troubles, il faut deux mois de temps avant que le canton voisin ait décidé qu'il interviendra. Ils sont entre citoyens des différents cantons ce que les Français sont vis-à-vis des Prussiens.

Le patriotisme d'un Suisse ne dépasse pas son canton. Ils se croient tous mieux dirigés les uns que les autres. A la moindre licence du canton voisin, ils le renient, et à la moindre alerte, ils se battraient comme des cosaques.

Maintenant on parle de la liberté des Etats-Unis. J'irai pour m'en assurer. Mais, d'après mon jugement, par leurs journaux, c'est tout à fait comme chez les Français. Ils n'ont pas plutôt élu un citoyen qu'au moindre doute, ils le changent, ils ne savent pas ce qu'ils veulent. C'est pour eux un besoin de détruire chaque jour ce qu'ils ont bâti la veille. Où est la nation par excellence? A cela, je répondrai dans la nuit des temps à venir, si toute fois il n'y a pas une décadence complète. Si le monde a commencé il est certain qu'il finira. Toutes les religions finissent, et si on instruisait mieux les hommes il y a longtemps que la lumière universelle nous éclairerait. Citons un exemple : Les catholiques croient que Jésus-Christ est Dieu, les protestants aussi. Pourquoi le croient-ils ? Parce qu'on leur a dit de croire, mais on ne leur a pas dit : lisez l'histoire.

Quand le Christ est mort on n'a pas plus fait attention à sa mort qu'à la mort d'un Communard. Il était libre penseur, philosophe, instruit, dévoué, etc. Ceux qui l'ont fait Dieu en avaient besoin. Trois siècles passèrent sans que sa divinité ait été mise à jour.

En 325 un Concile s'assemble et le voilà Dieu. Un autre à Rimini lui arrache son auréole et un autre, en 380, le rétablit dans sa divinité.

Voilà à quoi tiennent les croyances aux cerveaux malades, quelques sectaires ayant dû briller au grand jour. Ils n'affirment pas leurs sentiments, ils affirment leur vanité, mais le peuple adore, pris, paie leur faste, disons comme Gros Jean :

> Oh ! sottise amère, ignorance funeste,
> A quoi tiennent chez toi, stupide humanité,
> Les fragiles destins de la divinité ;
> A l'orgueil misérable, à l'arrêt imbécile,
> De quelques capucins réunis en concile.

Si l'on apprenait à lire la *Bible* dans sa nudité, c'est-à-dire dans sa grossièreté, et les prétendus évangiles et les fameux chants et cantiques des prophètes, les mères en auraient peur, plus que du plus grossier roman. Des milliers de dévots débitent les plus cruelles insultes à l'Eternel. Si réellement il entend les platitudes des hommes, je comprends qu'il pousse l'oubli jusqu'au bout, afin de voir où ira leur démence.

La prophétie de Cicéron est réalisée, il ne manque plus aux hommes que de manger le Dieu qu'ils adorent.

A quand la réforme sociale ?

Paris, le 9 janvier 1880

A. E. de Girardin.

Autrefois, je lisais la *France* et, enthousiasmée des articles de M. E. de Girardin, je m'écriais quelquefois dans mon ardeur : « Voilà un patriote ! Voilà un bon citoyen ! » Hélas ! comme je me trompais. Si un homme est patriote, s'il est bon citoyen, en faisant beaucoup de bruit et en gagnant beaucoup d'argent, à coup sûr M. de Girardin est un bon citoyen.

Quant à moi, avant de juger les hommes je veux les voir. Un jour donc je pars avec toutes mes illusions d'auteur et de poète. J'allais voir M. de Girardin, que je croyais muni de toutes les qualités que j'attribue aux grands hommes, honneur, premier point, dignité second point, loyauté et surtout la bonté. Je n'avais pas demandé audience, car au bureau de son journal, rue Montmartre, il me fut répondu qu'il recevait tout le monde. C'était peut-être vrai. Mais je crois qu'il vaudrait mieux ne pas recevoir tout le monde et mieux recevoir les personnes à qui il pourrait être utile, s'il le voulait. Mais pour être bon, humain, il faut avoir un cœur, et lui n'en a pas. Je suis aussi sûre qu'il n'a pas de cœur que je suis sûre de 'a vitalité des êtres sans âme. Vous pourrez m'objecter que puisque je crois au cœur, c'est-à-dire à la sensibilité, je puis bien croire à l'âme. J'ai répondu dans mes Réflexions philosophiques et je ne dirai rien aujourd'hui sur cette hypothèse. M. de Girardin demeure près de l'Arc de Triomphe, j'ai oublié la rue. Sa maison est un palais, mais, malgré la chaleur étouffante on y gèle. Un valet en grande tenue, s'il vous plaît, vous rentre dans une galerie de tableaux. Il y en a beaucoup ! Peut-être y a-t-il des chefs-d'œuvre ! Moi, je n'ai vu que lui : M. de Girardin a eu si grand peur de ne pas être vu qu'il s'est fait placer en face de la porte. Forcément on doit le regarder. Mais quelle déception ! Cette figure froide qui n'est pas austère, ses lèvres sèches, ses yeux brillants mais secs, son front plissé, non pas par l'âge mais par toutes les passions de l'humanité. J'eus un frisson en le regardant. Est-ce là cet homme, disais-je, qui écrit si bien ? Ce portrait est tellement sec, tellement prétentieux, vaniteux, froid ! Si l'homme est tel, ce n'est pas la peine que je monte. J'en étais là de mes réflexions quand on m'a annoncé qu'il fallait monter. Cet homme vaniteux ne se lève que devant les décorations ou les femmes à grand ramage. Mais, devant une femme habillée de noir, il reste assis. Peut-être a-t-il eu peur que je vienne lui demander un service ; il n'a pas entendu mon nom, ma toilette et ma tête lui faisaient peur.

— Que désirez-vous ?

J'avouerai que je ne répondis pas tout de suite. J'avais ce maudit portrait devant les yeux et je le regardais. Mon regard le gênait, et j'étais si troublée, moi qui n'ai cependant jamais tremblé, que je ne lui dis pas grand'chose. L'ai-je fâché par mes paroles autant que par mon regard ? peut-être ! Le fait est que le portrait parlait. C'était bien lui, affreuse déception !

— Monsieur, dis-je, je partage votre idée sur votre manière d'écrire, je ne dis pas de penser. Et, comme vous êtes un homme éminent je désirerais que vous prissiez connaissance de ce manuscrit et que vous m'écriviez quelques lignes d'encouragement.

— Et après ? me fut-il répondu, d'un ton bref, acerbe, dur.

— Après ? C'est fini, répondis-je, il n'y a plus rien ? Bonjour !

Mais j'étais si indignée que j'en ai pleuré dans la rue.

Voilà les hommes dont on parle tant, les fameux écrivains qui n'ont d'autre sens que la plume, usés par le cœur, par les sens. L'âme n'en parlons pas. Si j'y avais cru, en voyant des hommes comme Girardin, je l'aurais reniée tout de suite. Ce que j'ai regretté c'est de ne pas avoir demandé le nom du peintre qui a fait ce portrait ; qu'il reçoive tous mes compliments, il n'a rien oublié ; les sept péchés capitaux sont bien rendus, c'est bien M. Girardin. Si ceux qui le lisent le voyaient, sa réputation courrait grand risque de diminuer. Il est vrai que tout le monde ne peut lire sur ces physionomies glacées et surtout blasées. Assez sur lui. Passons à M. Renan que j'ai vu dans les mêmes circonstances. Ce dernier fut plus poli, il le fut même un peu trop. Je n'aime pas les courbettes. M. Renan fut très flatté que je voulusse bien lui laisser mon manuscrit. Mais, hélas ! que s'était-il passé dans sa cervelle ? Il me demanda quinze jours, que j'accordai bien entendu. En sortant de chez lui, (il m'avait reçue dans son salon,) je passai devant une femme de chambre qui me fit des yeux comme si elle eût voulu m'exterminer.

Il faut bien que je dise quelque chose sur cette grande physionomie. La voix est sympathique ainsi que le regard, mais, avec une tête semblable il faudrait être un peu plus grand. Passons. Je ne me serais jamais doutée qu'un homme de cette compétence pouvait m'adresser une question si saugrenue. « A quel parti appartenez-vous ? »

J'étais si ahurie que, comme devant M. de Girardin, je restais bouche close. Mais à la deuxième question j'ai dû m'exécuter.

— Mais, monsieur, ai-je répliqué, je n'appartiens à aucun parti, si ce n'est celui de l'humanité.

Il a souri malicieusement et m'a répondu :

— Ce parti-là est trop vaste pour une femme.

Il ajouta qu'il fallait avoir un parti pour faire son chemin.

— Alors, ai-je répliqué, je ne ferai jamais le mien, mais je resterai moi.

— Enfin, je lirai votre livre.

Je me suis retirée, mais je n'oublierai jamais les yeux de la femme de chambre.

Quinze jours plus tard, je retournai, mais Renan n'était plus le même, plus de voix sympathique, un vrai Jupiter tonnant. La lecture de mon manuscrit l'avait si fort contrarié qu'il l'a traité de : folie, d'utopie. Je ne vous dis pas le reste.

— Comment, vous osez nier Dieu, l'âme ? une femme ! mais c'est de la folie !

— Cependant, si tel est mon sentiment.

— Mais, c'est impossible. Quand on écrit de semblables folies on n'est pas une femme. Je vous conseille de mettre votre manuscrit au feu.

— Je n'en ferai rien, par la seule raison que vous vous fâchez. Si vous m'aviez dit tout cela avec indifférence, je l'aurais peut être fait. Mais vous êtes si fort en colère après moi que mon manuscrit vaut peut-être quelque chose.

Et, me voilà encore une fois partie avec mes illusions.

Avoir un parti et se croire, se dire philosophe, jamais; dans mes réflexions, semblable raisonnement ne me serait venu à l'idée. Etre philosophe c'est être libre et indépendant.

**

Pour finir ce livre je ferai encore appel à mes souvenirs. Je veux retracer une anecdote relative à mes visites aux Tuileries en 1870. Avant la guerre, j'étais logée au couvent de la Croix, rue du Cherche-Midi, 138, je crois, et j'allais à ce moment aux Tuileries presque tous les jours, adressant des vers à tout le monde, ce qui ne m'a pas avancée beaucoup. J'allais également presque tous les dimanches à la messe, et ce que je veux raconter est relatif à la messe. C'était l'abbé B..., qui prêchait. Mme Conneau avait fait beaucoup de roulades. On dit qu'elle chantait très bien. Moi je trouve que pour les chants d'église point n'est besoin de tant de roulades. Ah! que j'ai souvent pensé, en l'écoutant chanter (avec art assurément, mais trop d'art pour l'Eglise), à ces chants du mois de Marie, que j'avais entendus avec mon oncle dans les villages, car mon oncle aussi avait en

horreur tout ce qui était recherché. Les jeunes
filles des paysans venant chanter les cantiques du
mois de Marie avaient des voix si pures, si suaves,
que vraiment on avait beau être sceptique, athée
même qu'on était remué. Moi, malheureusement,
qui ne suis pas sceptique, j'ai tellement souffert
étant enfant que mon cœur s'est endurci. Mais
voici l'anecdote :

J'étais donc à la messe, aux Tuileries, assise à
deux pas de l'Empereur, qui écoutait avec assez
de patience l'abbé B., qui m'avait déjà agacé
les oreilles avec sa fidélité conjugale, comme si
un Empereur, quel qu'il soit, devait observer la
fidélité conjugale. Moi, je trouve que les femmes
seules doivent être fidèles. Mais s'il n'y avait pas
de femmes volages, ni Rois, ni Empereurs, et
même les charbonniers ne pourraient pas être
infidèles. Mais la société serait par trop monotone
s'il n'y avait pas d'échange. Voilà encore mon
sermon qui m'échappe, mais je crois que m'y voici.
J'avais déjà manifesté plusieurs fois en me tour-
nant de droite et de gauche. J'avais regardé le
prédicateur, mais ce diable d'homme tenait à finir
son discours. Je ne pourrais le retracer car je n'ai
jamais écouté un sermon jusqu'à la fin. L'Empereur était probablement comme moi car il fit signe
au sacristain de s'approcher et donna l'ordre de
monter un verre d'eau sucrée à la chaire. L'abbé
le but avec componction et recommença. Comme

l'Empereur je prenais patience et je me disais : enfin, il va finir peut-être ! Eh bien ! il n'en finissait pas, et fatigué de son prêche l'Empereur fit monter un deuxième verre d'eau sucrée. Eh bien ! l'abbé but doucement et recommença et toujours la même thèse, et moi qui n'étais pas l'Empereur, je me levai et lui dis carrément :

— Mais vous ne comprenez pas que vous ennuyez l'Empereur !

Et je me sauvai par la porte de la sacristie. Les « Oh ! — Ah ! » qui furent prononcés, je ne les écoutais guère. Le prêtre qui officiait criait au sacrilège. Le sacristain me courait après, mais j'étais déjà loin. J'ai su qu'on voulait me mettre en prison. Mais le maréchal Vaillant me dit que l'Empereur avait dit : « Qu'on la laisse tranquille.» Ce n'est que plus tard qu'on réussit à me faire coffrer. Puisque je suis au prédicateur je dois retracer une autre anecdote. Mais cette fois, c'est à Marseille, à l'Eglise.

C'était en 1866 ou 1867, j'ai l'habitude, quand je passe devant une église d'y entrer. C'était un jeudi et M. l'abbé Ollivier prêchait dans une chapelle au fond de l'Eglise, à des jeunes filles qui suivent, après la première communion, des sortes de conférences ou sermons, afin de les entretenir dans la bonne voie. On appelait à ce moment ces réunions : catéchisme de persévérance. M. Ollivier parlait assez bien, et comme il vit que je l'écoutais et qu'il n'y avait probablement que moi qui le comprenais, il parla même mieux et je sortis de l'église en me disant : « Tous les sermons devraient se réduire à la morale et aux bons conseils. » Je fis part de mon impression à M. Louis Camoin, bibliothécaire de la ville, que je voyais souvent et il me dit en souriant : « Allez donc l'entendre le dimanche à la grand'messe. Il prêche le prône et je crois que vous pourrez mieux le juger »; ce que je fis. Et, le dimanche suivant, me voilà installée bien en face du prédicateur. Il y avait bien vingt minutes qu'il prêchait. La *Vie de Jésus* par E. Renan avait paru et monsieur ne goûtait pas cet ouvrage. Tout à coup il a l'air de se grandir, il était grand pourtant. Il se lève, le bras en l'air et se met à crier avec une voix de tonnerre : « Anathème sur Renan, anathème sur tous ceux qui le lisent et sur tous les nouveaux Judas. » A ce mot, je me levai et lui dis : « Taisez-vous, monsieur, vous n'avez pas le droit de maudire les hommes du haut de la chaire, vous êtes là pour bénir » et je me sauvai. Il était temps. Je crois que les dévotes m'auraient écharpée. L'orgue se mit à jouer. Je n'ai jamais su le reste. Mais le lendemain tous les journaux se demandaient tous quelle était la femme qui avait apostrophé l'abbé Ollivier pendant son sermon.

Ce n'est qu'une année plus tard qu'ils ont su que c'était moi.

Encore quelques mots sur l'église de La Palluc. J'allais un jour à la sacristie pour commander un service anniversaire. Comme d'habitude, on me montre le tarif : tant de prêtres, tant de chantres. Jusque là il n'y a rien à dire. Vous voulez qu'on chante, qu'on prie, payez. Là n'est pas la question. Mais le prêtre à qui je payais ne m'avait même pas demandé le nom du mort. Je me retournai et lui dis :

— Monsieur l'abbé, vous ne m'avez pas demandé le nom du mort.

Il me regarda et me dit :

— Ça ne fait rien.

— Comment, ça ne fait rien !

— Cependant, monsieur l'abbé, si vous priez Dieu, c'est que vous devez y croire, et si vous l'invoquez pour améliorer ou sortir, soi-disant une âme du purgatoire, il faut bien que vous sachiez le nom du mort. Comment voulez-vous qu'on se reconnaisse là-haut, si vous ne dites pas le nom de ceux pour qui vous priez ?

Il me regarda alors d'un autre regard. Ah ! s'il avait pu me tuer, ce regard, je n'écrirais plus. Il vit qu'il avait été trop loin et il fit semblant de me faire des excuses mais il éatit trop tard. Encore un doute.

A quelque temps de là je faisais faire un mariage, au lit de mort d'un homme qui croyait que ses enfants seraient plus heureux étant légitimés. Il avait probablement raison. A ce moment toutes les portes m'étaient ouvertes et les formalités étaient franchies comme par enchantement. A ce moment, M. Jules Rougemond était adjoint au Maire. Ce fut lui qui fit le mariage. La cérémonie était lugubre dans la nuit, car il était nuit.

Je vis arriver ces hommes avec leur grand livre vert, leur tapis vert, tout était vert, mais ce fut si vite fait que je n'eus pas le temps de rêver. J'avais prié M. le Directeur des Capucins de venir le confesser et il était venu avec moi. Comme je trouvais que les préparatifs de l'autel improvisé étaient bien longs, je lui dis doucement :

— Dépêchez-vous mon père, je crois qu'il va passer.

Il tourna vers moi son beau regard. Il avait un beau regard celui-là, et il me dit :

— Tranquillisez-vous, mon enfant, on va au ciel tout de même sans être marié à l'église.

— Eh je le sais bien, répliquai-je.

Mais en ce moment je croyais le contraire, et ce fut tout. Encore un doute. Ah ! ma pauvre petite, aurait dit mon oncle, mais il était déjà mort. Puisque je suis revenue à Marseille, je ne dois pas oublier la scène principale, c'est-à-dire la scène de l'Académie. A ce moment, je fréquentais la bibliothèque de la ville assidûment. La mort de mon oncle en 1863, m'avait laissée sans appui et je ne connaissais pas encore la valeur de l'argent. J'étais riche d'illusions, et comme tous les poètes, je me figurais gagner des millions avec mes vers, et ils sont encore dans mes cartons. Mais voilà, il en a été toujours ainsi. Je n'avais jamais assisté à une séance académique et en passant devant le Musée, car l'Académie, ou plutôt les séances de l'Académie se tenaient dans la salle du Musée (ce petit monument était, je crois, dépendant du lycée), en passant, je vis sur la porte : Séance demain. Je n'avais pas de billet, je ne connaissais pas d'académicien, et me voilà partie à la bibliothèque, chez M. Louis Camoin. Il était, je crois, observateur. C'était un esprit très fin, mais un peu satirique : je dis, c'était, car j'ignore s'il vit encore. Sans plus ample question, je lui dis :

— Je voudrais aller à la séance de l'Académie et il me faut quatre places.

Il quitta la plume, me regarda bien.

— Ah ! diable, qu'est-ce qui vous prend? Quatre places et il est bientôt six heures. Toutes les places doivent être données. Où voulez-vous que je les prenne ?

— Où vous voudrez, mais il me les faut.

Il se gratta la tête et au bout d'un moment il me dit :

— Eh bien, je vais essayer. Revenez un peu

plus tard. Il me donna mes quatre fauteuils et le lendemain j'étais là avec deux dames et un monsieur. La séance commença, je ne sais trop par qui. Mais au bout d'une longue demi-heure le baron Gaston de Flote commence ses litanies en vers. Ah ! que c'était long, long. C'était l'histoire des Gaules jusqu'à nos jours, c'est-à-dire aux jours de 1863. Il en est passé de l'eau sous le pont depuis cette époque. J'écoutais avec assez d'impatience. Mais voilà que l'orateur fait de grands gestes avec les bras, en parlant des crinolines et des falbalas. Alors, dans ma fureur, moi qui croyais être impressionnée par les beaux discours, je me suis levée et j'ai dit :

— Monsieur, si vous n'avez rien de mieux à dire que de parler des crinolines et des falbalas, taisez-vous. Vous appelez cela l'Académie, vous êtes tous des ânes.

Et me voilà partie encore une fois. On me fit place pour sortir, et je crois que la séance fut vite bâclée. Le lendemain tous les journaux se creusaient la tête pour savoir quelle était la dame de l'Académie. Léon Gozlan était à Marseille en ce moment et ce fut lui qui fit mon portrait, qu'on trouverait encore dans les journaux de l'époque. « Nous croyons savoir, disait-il, quelle est la dame qui a si vivement apostrophé les académiciens ; elle fréquente assidûment la bibliothèque. Voici son portrait : elle a des cheveux châtains foncés, un front à lire un mois dessus, de beaux yeux vert de mer, mais d'une expression triste et profonde, un nez à la grecque, une petite bouche, mais la lèvre supérieure d'un dédain profond, un petit menton, mais les pommettes trop saillantes. Elle n'est pas jolie, mais elle pourrait être belle.» Mais il ne put pas dire qui j'étais. M. Camoin était discret, mais il y eut un journal qui s'écria : « Et qui voulez-vous que cela soit, c'est cette toquée de Madame F., la fille de Castellane qui a déjà apostrophé l'abbé Ollivier. » Le *Charivari* de l'époque mit trois ou quatre ânes sur une feuille de papier et ces ânes étaient chargés de foin. Une jeune femme les tenait par la bride et au bas de la page il y avait écrit : « Académie de Marseille. » Je n'osais plus aller à la bibliothèque et quand M. Camoin me vit arriver, je fus bien reçue.

— Ah ! coquine ! me dit-il, moitié sérieux. Savez-vous qui vous avez apostrophé ? C'est celui que je suis allé déranger pour demander vos billets. Vous les méritiez bien, ma foi, pour nous faire de pareilles sorties.

Je m'esquivai et il n'en fut plus question. Nous n'en restâmes pas moins bons amis. Mais je crus de mon devoir de remercier M. le baron Gaston de Flote. Il me répondit une longue lettre dont j'ai oublié les termes.

Maintenant, revenons à Versailles. J'habitais

à ce moment la communauté des Augustines et, un jour, en passant devant l'église je croyais pouvoir admirer tout à mon aise. Je m'étais trompée, un prêtre qui confessait sort comme un fou et se met à crier :

— Allez-vous-en, Satan, sacrilège. Les femmes ne passent pas là.

Je ne tremble guère en pareille circonstance et je lui répliquai assez vivement :

— S'il y a Satan ou sacrilège ici, c'est que j'ai le droit de regarder et je regarderai. Si vous aviez fait attention à ce que vous disaient les bonnes femmes au confessionnal vous n'auriez pas fait attention à moi.

— Je vais chercher le sacristain pour vous mettre à la porte.

Ils sont très tolérants dans l'église catholique. Le sacristain était un brave et il ne bougea pas ; mais tout de même j'étais froissée. Moi qui venais pour rêver un moment ; et pour moi rêver c'est prier ! Eh bien ! je n'avais plus du tout envie de rêver, et je m'en allai en disant : Si c'est ainsi qu'on pense ramener les brebis égarées ils n'en ramèneront guère. Autre histoire de prêtre. Un jour, je passais rue de Sèvres, en face de l'hôpital, je ne sais plus lequel. Il y a une chapelle, je ne savais pas si c'était un couvent d'hommes ou de femmes. J'entrai donc au hasard. La chapelle était déserte. Il y avait un prêtre qui confessait et voilà qu'une idée baroque me passe par la tête. « Je voudrais bien savoir, me disais-je, ce qu'il va me dire, celui-là ». Eh bien ! j'avoue que j'avais de bonnes intentions. J'étais seule, triste et un bon conseil, quelques bonnes paroles m'auraient fait du bien. Mais, comme l'autre, il avait vu que je ne m'étais pas signée, que je n'avais pas pris de l'eau bénite et je ne savais trop que lui dire. Eh bien ! au lieu de me dire quelques bonnes paroles il sortit de son confessionnal furieux et me chassa.

Il ouvrit lui-même le tambour de la chapelle et Il y avait beaucoup de monde à ce moment : des marchands sont presque toujours arrêtés là devant ; et tous de me dire :

— Qu'est-ce que c'est, madame ?

— Oh ! ce n'est rien ! Je n'ai pas voulu prendre de l'eau bénite et vous le voyez, ce diable de prêtre me prend pour Satan.

Tout le monde se mit à rire et je filai. Si ma mise avait été extravagante, si mes allures avaient été irrespectueuses, j'aurais encore compris cette algarade. Mais, il n'y a peut-être pas encore une femme si simple que moi, si modeste, ne m'étant jamais occupée de modes.

. . . .
. . . .

Je terminerai par une citation que j'engage tous mes lecteurs à retenir et à méditer :

On a de tout temps beaucoup discuté sur la meilleure forme de gouvernement, sans considérer que chacune d'elles est la meilleure en certains cas et la pire en d'autres. Si dans les différents états le nombre des magistrats suprêmes croit en raison inverse de celui des citoyens, il s'en suit qu'en général le gouvernement démocratique convient aux petits États, l'aristocratique aux médiocres et le monarchique aux grands. Cette règle se tire immédiatement du principe. Mais, comment compter la multitude de circonstances qui peuvent fournir des exceptions.

Contrat social : De la Démocratie,
Chapitre III, livre troisième.

Imp. R. Monod, Poirré & Cie, 21, rue Ganneron, Paris.

DUJARRIC & Cⁱᵉ, Éditeurs, 50, Rue des Saints-Pères, PARIS

EXTRAIT DU CATALOGUE GÉNÉRAL — OUVRAGES DIVERS

- BINET-SANGLÉ (Dʳ). — **Les Prophètes Juifs** (Psychologie morbide)
- CAHUET (Alberic). — **La Liberté au Théâtre, en France et à l'Étranger**
- CARNEGIE (Andrews). — **La Grande-Bretagne jugée par un Américain**
- CAZES (Albert). — **Pierre Bayle** (Vie, Œuvre, Influence)
- CROUZET (Firmin). — **A travers les Pensionnats de Frères**
- DUBOIS (Louis). — **Cinq ans sous le Harnais**
- DUREL (Pétrus). — **La Muse parlementaire** (Députés et sénateurs poètes)
- FOURNET (E.). — **Les Habitations à bon marché**
- LANNE (Ad.). — **Louis XVII et le Secret de la Révolution**
- LANNE (Ad.). — **La Fortune des d'Orléans**
- LANNE (Ad.). — **Le Mystère de Quiberon** (1795-1796)
- LANNE (Ad.). — **Une officine royale de falsification**
- LE BARBIER (Louis). — **Petites pages d'Histoire**
- LE BARBIER (Louis). — **Le Général de la Horie**
- MARTIN GINOUVIER (F.). — **La Genèse du Palais de la Mutualité**
- MARTIN GINOUVIER (F.). — **Un Philanthrope méconnu du XVIIIᵉ siècle**
- MAUREL (Victor). — **Dix ans de Carrière**
- PAUPE (Ad.). — **Histoire des Œuvres de Stendhal**
- PERROT (Paul). — **Origines et Histoire du Carnaval**
- SIMONNOT (Renée). — **Les Enfants d'époux divorcés**
- SIX (B.). — **Histoire de l'Arbitrage International permanent**
- ROUX (Fernand). — **Balzac, jurisconsulte et criminaliste**

Demander le Catalogue général

www.ingramcontent.com/pod-product-compliance
Lightning Source LLC
Chambersburg PA
CBHW071942160426
43198CB00011B/1501